U0867013

小学生积极
心理品质的培养

陈尚宝◎主　编
林　映◎副主编

北京师范大学出版集团
BEIJING NORMAL UNIVERSITY PUBLISHING GROUP
北京师范大学出版社

图书在版编目(CIP)数据

小学生积极心理品质的培养 / 陈尚宝主编，林映副主编. —北京：北京师范大学出版社，2020. 9(2023. 3 重印)

ISBN 978-7-303-25583-2

Ⅰ. ①小… Ⅱ. ①陈… Ⅲ. ①小学生-心理健康-健康教 Ⅳ. ①G444

中国版本图书馆 CIP 数据核字(2019)第 297822 号

教材意见反馈 **gaozhifk@bnupg.com 010-58805079**

营销中心电话 010-58807651

北师大出版社高等教育分社微信公众号 新外大街拾玖号

出版发行：北京师范大学出版社 www.bnupg.com
北京市西城区新街口外大街 12-3 号
邮政编码：100088

印　　刷：北京天泽润科贸有限公司
经　　销：全国新华书店
开　　本：710 mm×1000 mm 1/16
印　　张：15.25
字　　数：80 千字
版　　次：2020 年 9 月第 1 版
印　　次：2023 年 3 月第 2 次印刷
定　　价：38.00 元

策划编辑：周雪梅　　责任编辑：周雪梅
美术编辑：李向昕　　装帧设计：李向昕
责任校对：陈　民　　责任印制：马　洁

版权所有　侵权必究

反盗版、侵权举报电话：010-58800697

北京读者服务部电话：010-58808104

外埠邮购电话：010-58808083

本书如有印装质量问题，请与印制管理部联系调换。

印制管理部电话：010-58805079

编委会

主　编　陈尚宝

副主编　林　映

编　委　(按姓氏笔画排序)

马洪生　王丽霞　刘思亚　杨川燕
李洁仪　吴曾艳　沈　予　张微微
陈秀芸　陈春红　陈晓刚　陈　静
郎丰颖　郭旭霞　舒清燕　曾　焕

序

林崇德

进入21世纪以来，党中央越来越高度重视全民心理健康服务和社会心理服务体系的建设。2006年10月，党的十六届六中全会通过了《中共中央关于构建社会主义和谐社会若干重大问题的决定》，明确提出要"促进心理和谐"。2016年8月，习近平总书记在全国卫生与健康大会上提出，要加大心理健康问题基础性研究，做好心理健康知识和心理疾病科普工作，规范发展心理、心理咨询等心理健康服务。2017年10月，习近平总书记在党的十九大工作报告中再次强调，要加强社会心理服务体系的建设，培育自尊自信、理性平和、积极向上的社会心态。自尊自信、理性平和、积极向上，正是全民心理健康水平积极心理学取向的体现。

2019年2月，中共中央国务院印发的《中国教育现代化2035》提出，要明确"中国学生发展核心素养"的要求。"中国学生发展核心素养"以培养"全面发展的人"为核心，是一套经过系统设计的育人目标框架，分为文化基础、自主发展、社会参与三个方面，包括人文底蕴、科学精神、学会学习、健康生活、责任担当、实践创新六大素养和十八个基本要点，而心理品质的培养又是发展学生核心素养的重要组成部分。

教育部《中小学心理健康教育指导纲要(2012年修订)》(以下简称《指导纲要》)指出，中小学心理健康教育是提高中小学生心理素质、促进其身心健康和谐发展的教育，是进一步加强和改进中小学德育工作、全面推进素质教育的重要组成部分。《指导纲要》是新时期中小学心理健康教育的纲领性文件，明确了中小学心理健康教育的指导思想、基本原则、目标与任务、主要内容，就心理健康工作的途径与方法、组织实施提出了科学具体的要求。《指导纲要》指出“要立足教育和发展，培养学生积极心理品质”，心理健康教育的总目标是培养全体学生积极乐观、健康向上的心理品质，充分开发他们的心理潜能，促进学生身心和谐可持续发展，为他们健康成长和幸福生活奠定基础。

世纪之交之际，心理学领域萌发了积极心理学运动。美国心理学家塞里格曼认为，心理学不应该只聚焦于心理疾患的病人，而应该理解和帮助人们获得幸福和主观幸福感。积极心理学提出人生由积极情绪、投入、意义、积极的人际关系和成就这五个元素为基石，这也是品格优势和美德。随着整个人类社会的和平与发展，越来越多的心理学家认识到，心理学更应该研究与培养积极的品质，积极心理学已经成为心理学研究的重要取向。

陈尚宝主编的《小学生积极心理学品质的培养》(以下简称《培养》)一书，即将由北京师范大学出版社正式出版。《培养》一书理论基础深厚，符合时代要求。首先，它是在心理健康重要性日益受到关注的背景下，来自一线教学实践的成果。其次，积极心理品质的培养是落实发展学生核心素养的重要措施。再次，《培养》一书是贯彻执行教育部《中小学心理健康教育指导纲要(2012 年修订)》精神的成果，具体落实《指导纲要》，运用有效的途径来促进学生心理品质的健康发展。《培养》一书还系统地介绍了塞里格曼和彼得森所提出的 6 类核心美德和 24 项积极心理品质。该书从积极心理学视角，提出了小学生积极心理品质培养的理念与方法，是一本集知识性、理论性、可读性于一体的好书，既可作为小学生心理健康教育的重要辅助教材，又可供小学老师和家长在开展日常教育时参考使用。

陈尚宝带领的研究团队，将上述理论探索和教育实践相结合，经过多年的实践，探索出了一条如何通过校本课程和心理健康教育活动来促进小学生积极心理品质的实践之路，并将理论成果和实践经验整理成书，与业内同行分享经验，值得推荐。

尚宝是毕业于我们北京师范大学的心理学研究生。我记得他在上学期间是他们那一届研究生的班长和发展心理研究所研究生会主席。人很实在，学习刻苦，对工作也很负责。他是做了几年老师后才来攻读研究生的，有比较丰富的教学实践经验。他取得硕士学位后去了深圳的基础教育系统工作，虽然一直从事教育科研管理工作，但并没有丢掉心理学的专业，抽空还做了一些教学实践研究。《培养》这本书涵盖了理念指引、活动设计和教育故事三个部分，既有与心理和谐品质相关的理论研究，也有基于24项积极心理品质为依据的、针对小学生积极心理品质培养设计的教学方案，更加入了一线教师心理辅导个案及教育叙事的反思，有理有据，同时具有非常强的实用性和可操作性，对于丰富中小学心理健康教育的途径和方法具有重要的借鉴价值。希望借此书出版，引导学校、社会、家长更加关注中国孩子的心理健康素养，尤其是积极心理品质的培养，将我们的孩子培养为"全面发展的人"。为此贡献教育界的绵薄之力！期待学校、老师、家长乃至社会喜欢这本来自教育第一线的《培养》。

是为序。

2020年小暑于北京师范大学

目录 | CONTENTS

Ⅰ. 理念指引篇

Ⅱ. 活动设计篇

Ⅲ. 教育故事篇

I 理念指引篇

基于赏识教育的小学生积极心理品质的培养研究

我国大多数关于小学生心理健康的研究，基本上都是从学生的问题入手进行调查。本研究从赏识教育的视角出发，以积极心理品质为研究方向，以小学生作为研究对象，采用问卷测量法，选取深圳市南山区、盐田区四所学校的小学生进行积极心理品质发展特点的调查研究，同时选择若干实验班级，采取心理活动课的途径对小学生的积极心理品质进行培养和训练。通过问卷调查发现，女生在仁慈、超越自我和正义等品质上的得分高于男生。不同年级学生在勇气的品质上呈现发展性差异，三年级和五年级学生的得分均高于六年级学生。通过心理活动课的开展，积累了针对小学生积极心理品质培养的鲜活案例和方法，提升了师生的心理健康水平，促进了学校特色建设和科研工作的发展。

本研究主要针对当前小学心理健康教育中“重问题轻发展”的研究倾向，从赏识教育的角度出发，提出培养小学生积极心理品质的必要性。课题研究从2015年11月市教育局批准立项开始，2016年12月进行了开题暨中期汇报，到2017年9月共经历一年十个月时间。期间，因课题主持人工作变动，课题研究的主阵地从南山区迁移到盐田区，同时课题实验学校也从原来南山区的2所学校扩大为盐田区、南山区各2所学校的规模，课题于2017年9月结题。

一、选题的背景及研究的意义

小学是学校教育的起步阶段。当前，处于身心飞速发展时期的小学生，由于学校学习的压力、生活节奏的高度紧迫感、父母过高的期望、不良的同伴交往关系等诸多因素，迫使他们不时经历情绪、情感上的困扰，受到孤独、失望、忧郁、焦虑、嫉妒等不良情绪的侵袭。虽然这是成长过程中所避免不了的，但若不及时调整，这些不良情绪将会转变成严重的情绪障碍，从而影响其学业成绩，进而阻碍个体身心的健全发展。

自1999年8月教育部颁布《关于加强中小学心理健康教育的若干意见》以来，全国各地教育行政部门及中小学广泛开展了心理健康教育。为了进一步加强中小学心理健康教育工作，教育部又于2002年8月颁布了《中小学心理健康教育指导纲要》(以下简称《纲要》)。《纲要》指出："心理健康教育是提高中小学生心理素质的教育，是实施素质教育的重要内容。"2012年，教育部再次对该《纲要》进行修订，进一步明确心理健康教育的具体目标是："提高自主自助和自我教育能力，增强调控情绪、承受挫折、适应环境的能力，培养学生健全的人格和良好的个性心理品质。"可见教育部对中小学心理健康教育的重视，但众多调查结果表明中小学生的心理健康状况不容乐观。

我国大多数关于小学生心理健康的研究，基本上都是从学生的问题入手进行调查。首先，大多数研究假定小学生心理健康存在问题；其次，采用合适的量表或问卷进行调查；最后，对问卷调查结果进行统计，发现学生存在的问题，再针对那些问题，提出解决的方案或预防措施。总之，传统心理健康教育是矫正问题，而积极心理健康教育是培养学生积极心理品质。只有在学校心理健康教育中强调培养学生的积极心理品质，才能把人们的注意力转移到人的潜能、动机、能力、幸福、希望等积极品质上来，才能关注这些品质的形成过程与培养规律，进而促进个人、家庭与社会的良性发展。我国著名心理学家张厚粲曾高瞻远瞩地指出，人文关怀是21世纪的主题，在某种程度上说，心理学的繁荣与发展是实现人文关怀的必由之路，这里所指的心理学的内容就包含培养积极心理品质的重要成分。

"赏识教育"是近年来在国内出现的一个新的教育理念，其前提是关注和关爱，表现为对学生积极、正面品质的肯定，是一种永远相信孩子"行"的教育方式。在国外部分国家"赏识教育"的教育理念已深入到了每一个教育者的心里，贯彻到教育活动的每一个细节中，作为一种有效的培养学生积极心理品质的教育方式，它开始受到极大的关注。

运用赏识教育的理念和方法，开展小学生积极心理品质的培养势在必行。小学生阶段应培养哪些积极心理品质呢？不同年级的小学生选择的品质有哪些差异呢？小学生积极心理品质对其学业成绩有什么影响？家长的教育参与对孩子积极品质有什么影响？本研究拟以积极心理品质为研究方向，抽样深圳特区的小学生作为研究对象，通过问卷测量法对小学生积极心理品质进行序列化研究，同时选择实验班级，采取行动研究法对小学生积极心理品质的培养测量进行研究。此项工作不仅对于研究小学生的积极心理品质发展状况具有理论意义，对于一线心理工作更具有重要的实践指导意义。

二、核心概念的界定

赏识：赏识在《现代汉语词典》(2005 年 7 月第五版)中的解释：认识到别人的才能或作品的价值而予以重视或赞扬。重视或赞扬的方式是多种多样的，可以是赞扬、鼓励的语言；也可以是爱抚、友善的动作；或者是欣赏、激励的神情等。

赏识教育：本研究采用以崔学鸿(2001)①定义，即赏识教育指教育者认识并赏识儿童，使儿童增强自信、主动发展的教育方式，是实施素质教育的一种探索模式。赏识教育的主要目的在于促进儿童的发展，同时也包括促进教育者自身的发展，即促使教育者和儿童一同成长。赏识教育不仅仅是一种教育方法，更重要的是一种教育思想。教师要怀有“每个学生都是天才”的教育思想，并以此为指导，从而尊重学生的主体地位，满足学生的心理需求，实现学生的自我发展的思想角度来确定自己的教育行为。

积极心理品质：是多维度的，包含个体思想、情感和行为等各方面的一系列积极品质的集合。本研究采用以积极心理学创始人塞利格曼教授为核心的“价值在行动”项目组所确立的 6 大维度 24 项积极心理特征，具体包括：

1. 智慧和知识：创造力、好奇心、热爱学习、开放思想、洞察力

---

① 崔学鸿．赏识教育初论［M］．合肥：安徽大学出版社，2003.

2. 勇气：真诚、勇敢、坚持、热情

3. 仁慈与爱：善良、爱、社会智慧

4. 正义：公平、领导力、团队精神

5. 修养与节制：宽容、谦虚、谨慎、自律

6. 心灵的超越：审美、感恩、希望、幽默、信仰

基于赏识教育的小学生积极心理品质的培养：运用赏识教育的理念和方法，培养小学生的积极心理品质。

三、文献研究综述

（一）积极心理学的提出及主要内容

积极心理学是20世纪90年代在美国兴起的一个新的心理学研究领域。与传统心理学关注的消极和病态心理不同的是，积极心理学主要关注人类美德、力量等积极品质，利用目前比较完善和有效的实验方法和测量手段来研究人的积极情绪体验、积极的认知过程、积极的人格特征以及创造力和人才培养等，它强调的是人本身所固有的积极因素，强调人的价值与人文关怀，主张心理学的研究要以人实际的、潜在的、具有建设性的力量、美德和善端为出发点，用积极的心态对人的心理现象（包括心理问题）做出新的解读，寻找其规律，从而激发人自身内在的积极力量和优秀品质，并利用这些积极力量和优秀品质来帮助普通人或具有一定天赋的人，最大限度地挖掘自身的潜力并获得幸福的生活。

自美国心理学家塞利格曼教授等提出积极心理学理论以来，心理学家的研究视野开始从心理问题转向积极心理塑造，研究重心从变态心理学转向健康心理学，关注群体从少数心理问题严重的人转向全体的人。心理学研究的目标已不再仅仅满足于心理问题的应对，而是从积极心理学出发，致力于激发和培养积极心理品质，促进个体生活更加美好。为此，探讨人类积极心理品质的内容和结构，了解个体积极心理品质的现状和特点，进而促进积极心理品质的开发和成长，成为当前积极心理学关注的重点。

国内学者对积极心理学大部分是从介绍其基本主张开始的。张倩、郑涌在对积极心理学的基本主张、研究近况、存在问题进行了概括性介绍并做了简要评价后，提出积极心理学是一种新的研究方向，是对心理学的一种新的理论建构，是通过对主流心理学的纠正，给现存的心理学内容与形式以补充的观点。崔丽娟、张高产介绍了积极心理学的概念和产生背景、基本内容、价值与意义，并在此基础上指出了积极心理学今后的研究方向。任俊研究指出，积极心理学中的“积极”应该包括三个方面的内容：积极是对前期集中于心理问题研究的病理式心理学的反动、积极意味着倡导心理学要研究人心理的积极方面、积极更在一定意义上强调要用积极的方式对心理问题做出适当的解释，并从中获得人生的积极意义。孟万金教授把积极心理学的理念运用到心理健康教育领域，提出了“积极心理健康教育”的概念且编制了“大、中小学生积极心理品质量表”，为积极心理健康教育的实施提供了测评手段，并且探索了大、中小学生积极心理健康教育的方法，在学校和区域进行了积极心理健康教育的实践。

(二)积极心理品质的相关研究述评

进入21世纪来，以塞利格曼为核心的“价值在行动(Values in Action，VIA)”项目组，展开了“重要优势品质”的研究，着力研究哪些优势品质最有利于人类发展的最优化(Park，Peterson，2006a，2006b，2006c；Peterson，Seligman，2004)。经过多年研究，塞利格曼和彼得森于2004年合作出版了《优秀品质和美德：手册与分类》(Character Strengths and Virtues：A Handbook and Classification)，它代表着积极心理学界中最抱有雄心的研究项目。他们希望通过认真仔细地分析和总结个人的优点和品德，人们才可以更好地利用自己的长处和优势来提高生活效率和幸福感。《优秀品质和美德：手册与分类》描述了各种能使人们获得兴旺并幸福生活的优秀品质与美德，并且将它们分类。其中包括几乎世界上每个文化都认同的六大美德：智慧和知识、勇气、仁慈与爱、正义、修养与节制和心灵的超越。

每个美德中还包含着几个性格上的优秀品质，而所有优秀品质都符合以下标准：

1. 这些优秀品质必须是普遍存在的(Ubiquity)，是被世界上大多数文化认可的。

2. 这些优秀品质会使人感到满足而充实(Fulfilling)，从大体上而言使人感到生活上的完善、满意和幸福。

3. 这些优秀品质是有道德价值的(Morally valued)，它们自身是得到重视和珍惜的，而且它们是达到目的的手段。

4. 这些优秀品质的特性是拥有这一优秀品质的人不贬低没有具备这些优秀品质的人(Does not diminish others)，而且只受到钦佩而不招惹嫉妒。

5. 这些优秀品质有其不恰当的对立面(Nonfelicitous opposite)，有明显的带有负面含义的反义词性。

6. 这些优秀品质都近似个人品格(Traitlike)，就像一个人的品格一样有概括性和稳定性。

7. 这些优秀品质是可衡量的(Measurable)，研究者们曾把它们当作个体差异加以研究。

8. 这些优秀品质都是很独特的(Distinctiveness)，与其他的优秀品质完全不同。

9. 这些优秀品质在历史中可以找到有代表性的范本(Paragons)，可以很一目了然地体现在某个人身上。

10. 这些优秀品质会较早地体现在一些儿童身上使他们成为拥有优秀品质的天才(Prodigies)。

11. 这些优秀品质具有选择性不存在的特点(Se-lective absence)，即在一小部分的人中没有某个优秀品质。

12. 这些优秀品质会有制度和机构性特点(Institutions)，也就是说社会中的常规、习俗和礼仪会特意地培养这些优秀品质。

项目组首次对人类优良品质和美德的结构与类型进行了分析和划分，进而通过跨文化、跨年龄群体的比较研究，最终确立了二十四个为人们广泛认可的人格特质，并把它们划分为六大维度，命名为六大美德力量。

国内学者庞红卫对浙江省 6977 名 10~17 岁中小学生进行积极心理品质调查，发现浙江省中小学生在 24 项品质中得分最高的三种品质依次是：感恩、友善、好奇心，得分最低的三种品质依次是：信仰、审慎、领导力，该研究还发现，中小学生六大美德(24 项品质)的得分在不同学校类型、不同性别、不同家庭类型方面均呈现出显著差异。余晓灵等曾经以北京十九中学生为样本，对 2142 名中学生进行问卷调查，得到了该校学生对积极心理品质的自评重要性排序，其中学生评价认为最重要的品质为真诚、善良和爱。研究也发现，对部分积极心理品质，不同年级的学生呈现出发展性的差异。2009 年，官群、孟万金等成功开发研制了《中国中小学生积极心理品质量表》。他们经过深入的调查研究，将中国中小学生的积极心理品质分为六个维度 15 项品质，即认知维度(创造力 、求知力、思维与洞察力)、情感维度(真诚 、执着)、人际维度(爱、友善)、公正维度(领导力、合作力)、节制维度(宽容 、谦虚 、持重)、超越维度(心灵触动 、幽默风趣 、信念希望)。

(三)小学生积极心理品质的培养相关研究述评

国内学者对小学生积极心理品质的培养策略，从学段特点进行了有针对性的研究。单志艳研究认为，小学低年级学生积极心理品质培养的主要内容包括求知力、真诚、宽容、思维与洞察力、领导力，她提出了小学低年级学生积极心理品质的培养策略：第一，家校密切合作，形成教育合力；第二，开展活动要适合小学低年级学生的心理发展特点；第三，引导学生主动参与，在活动与体验中自主成长。

马艳云研究发现，小学高年级学生需重点培养的品质为：创造力、求知力、思维与洞察力、真诚、领导力、宽容、谦虚、持重品质；同时，还需重点培养五 、六年级学生心灵触动品质。针对创造力、求知力以及思维与洞察力品质，提出三种培养策略：激发求知欲望、制定合适的目标和鼓励学生参与实践活动。

马晓亮提出，在学校心理健康教育工作中，积极心理品质的培养应成为重点，应让小学生进行积极的情绪体验，培养他们的积极人格品质，同时应建立家校合作的积极组织系统，搭建积极心理品质培养的平台。他建议从家校合作、课堂教学以及学生社团活动三个途径来进行小学生积极心理品质的培养。

唐名淑认为，小学生积极心理品质的培养需要四个途径：一是挖掘社会各方面的资源；二是充分利用家庭教育的积极优势；三是学校健全心理健康教育制度；四是引导学生挖掘自身潜能。

（四）赏识教育相关研究述评

赏识教育是充分体现积极心理学理论的一种教育策略。它是以人性为基础，以尊重学生人格为前提，通过表扬、肯定学生的某些闪光点，实现对学生有效激励作用的“正强化”的教育形式，是在承认差异、尊重差异的基础上看到学生每一点的进步，用欣赏的眼光发现学生的可贵之处，使学生看到自己的闪光点，促进学生不断地进步和成长。

赏识教育的特点是注重孩子的优点和长处，逐步形成燎原之势，让孩子在“我是好孩子”的心态中觉醒；而惩罚教育的特点是注重孩子的弱点和短处——小题大作、无限夸张，使孩子自暴自弃，在“我是坏孩子”的意念中沉沦。

赵建华、马惠臣等一致认为，一个成功的教师必须拥有一双善于捕捉学生身上闪光点的“火眼金睛”，对学生身上的闪光点不断地赞赏，反复地激励。使学生有一种被发现、被认可、被重视的感觉，这种心理上的满足会转化为他们学习中的强劲动力。教师应把眼光集中在学生的优点上，强化巩固学生的行为，树立学生的自信心。对孩子进行“赏识教育”，尊重孩子，相信孩子，鼓励孩子，可以及时发现孩子身上的优点和长处，挖掘隐藏在其身上巨大的、不可估量的潜力。周青云，黄艳等学者都引用威廉·詹姆斯的话来论证赏识激励能达到意想不到的效果：一个没有受过激励的人仅能发挥其能力的百分之二三十，而当他受过激励后，其能力是之前的3~4倍。而且赏识能够缩小父母与孩子、老师与学生之间的距离，从而促进学生的健康成长。

没有赏识，就没有教育。赏识是一种原动力，是促进孩子各方面成长发展的基石；赏识是一座桥梁，连接着老师和学生，连接着孩子和家长，连接着学校、家庭与社会；赏识是一种手段，通过它，我们会努力去挖掘孩子的闪光点，走进孩子的心灵，帮助孩子成长。

四、研究目标和内容

(一)研究目标

一是通过分析小学生积极心理品质的年级和总体特点，帮助教育工作者深入细致地了解教育对象，增强教育针对性；二是通过研究小学生积极心理品质对其学业成绩的影响，帮助学生改进学习方法，提高学习质量；三是通过研究小学生积极心理品质的培养策略，进一步提高教师教育能力，促进学生养成健全人格。

(二)研究内容

1. 小学生积极心理品质的总体特点。通过《显著优点问卷》(内容包含在《小学生生活问卷调查》中)测量，对小学生积极心理品质进行年级和性别等因素的差异分析，了解小学生对于积极心理品质重要性的认识，掌握不同年级学生积极心理品质培养的重点。

2. 小学生积极心理品质对不同学科学业成绩的影响。通过对积极心理品质与学生各学科学业成绩的相关分析，了解积极心理品质对学生学业成绩的影响。

3. 父母教养方式对小学生积极心理品质的影响。通过《小学生家庭教育状况调查》，了解影响父母学历、职业、家庭收入等家庭背景因素对小学生积极心理品质的影响，了解家庭参与教育的不同方式对小学生积极心理品质的影响。

4. 运用赏识教育实施小学生积极心理品质的培养策略。选取实验班级，根据前测得到的数据，有针对性地开展干预训练，初步形成实施小学生积极心理品质的培养策略。

五、研究方法

（一）文献综述

梳理国内外相关研究现状，提出研究目标和内容。

（二）问卷测量

通过量表法、问卷法对研究内容进行施测，掌握相关研究数据。

（三）数据统计

对调查得到的数据通过 SPSS 统计软件进行统计分析。

（四）活动训练

根据前测得到的数据，选取实验班级，开展班级活动训练。

六、研究程序

1. 可行性论证阶段（2015 年 11 月—2016 年 8 月）

通过学习和研讨，厘清核心概念，阐释和完善核心概念的界定、定义和内涵，进行课题研究设计与课题方案的可行性论证，组织专题讨论会、研讨会。

2. 前期实施阶段（2016 年 9 月—2016 年 12 月）

制定全面详细的课题研究方案，明确分工，准备好开题报告，进行课题研究的前期准备工作和训练方法的初期应用。

3. 后期实施阶段（2017 年 1 月—2017 年 6 月）

进行个案和核心组集体讨论相结合的研究形式，推进课题研究进程。定期召开专题报告会，提交书面报告及相关证明材料，整理归纳，对各种影响因素进行归类并进行分析。

4. 总结鉴定阶段(2017 年 7 月—2017 年 9 月)

全面回顾总结整理近两年的理论和实践成果、完成课题结题报告。

七、研究结果呈现

成果之一：特区小学生积极心理品质的调查研究

(一)调查对象

从深圳市南山、盐田两区的 4 所学校选取 1~6 年级学生 540 名，其中每年级选取 90 名。

表 1　本研究被试样本选取方法

性别 年级	男	女	合计
一年级	45	45	90
二年级	45	45	90
三年级	45	45	90
四年级	45	45	90
五年级	45	45	90
六年级	45	45	90
总计			540

(二)调查工具

1. 采用 Park N 和 Peterson C 等编制的《显著优点问卷》，了解小学生积极心理品质的总体特点和年级、性别等差异状况。

2. 采用北京师范大学心理学部罗良博士编写的《小学生家庭教育状况调查》，了解小学生家庭教育的基本情况，分析家庭背景因素对小学生积极心理品质的影响，了解家庭参与教育的不同形式对小学生积极心理品质的影响。

(三)数据收集与整理

采用 SPSS17.0 对测量数据进行统计分析。

(四)调查结果分析

4.1　小学生积极心理品质的总体特点分析

(1)六大维度的平均分比较

表 2　小学 3~6 年级学生积极心理品质六大维度的平均分和标准差

维度	平均数	标准差
智慧和知识	7.2486	0.99744
勇气	7.6333	1.16432
仁慈	8.0146	1.24180
正义	7.2356	1.28374
自制	7.6138	1.00701
超越自我	7.7167	1.04003

我们将积极心理品质六大维度进行平均数比较发现(表 2)，小学 3~6 年级学生在六大维度的得分排序最高的是仁慈，其他依次是超越自我、勇气、自制、智慧和知识、正义。

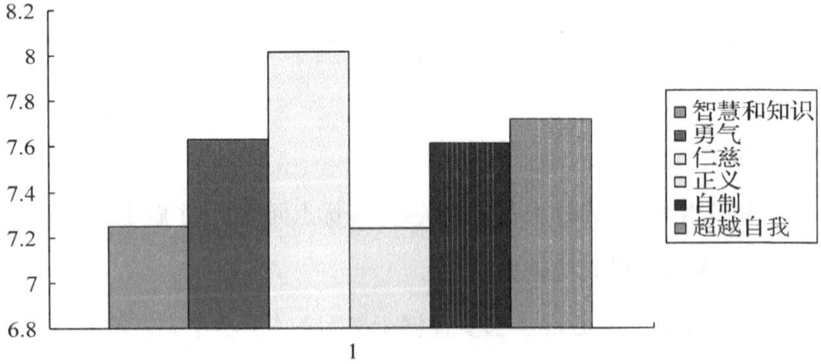

图 1　小学 3~6 年级学生积极心理品质六大维度得分比较

(2)24个子项目的平均分比较

表3 小学3~6年级学生积极心理品质24个子项目的平均分和标准差

维度	平均数	标准差
好奇心	6.8360	1.75197
热爱学习	7.7804	1.64259
判断力	7.2405	1.63531
独创性	7.3836	1.79958
社会智能	7.1405	1.78735
视野	7.0568	1.84127
英勇	7.8668	1.64483
坚定	6.9492	1.69197
诚实	8.0413⑥	1.67832
友善	7.6491	1.58205
爱	8.3722②	1.49360
成员精神	7.7825	1.71647
公平	7.6222	1.54702
领导能力	6.2623	2.02043
自律	8.2838③	1.52571
谨慎	6.9503	1.69699
谦和	7.5638	1.44279
欣赏美	7.0855	2.07819
感激	7.5067	1.64453
希望	8.5000①	1.33815
信仰	8.1417④	1.48051
宽恕	7.1931	1.87300
幽默	7.5141	1.84577
热情	8.1345⑤	1.78823

我们将积极心理品质的24个子项目进行平均数比较发现(表3)，小学3~6年级学生在24个子项目上的得分在8分以上的顺序依次是希望、爱、自律、信仰、热情、诚实。

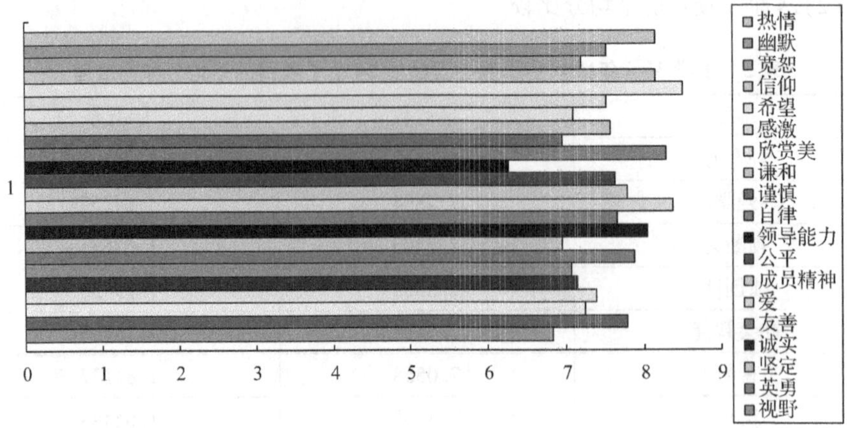

图 2　小学 3~6 年级学生积极心理品质 24 个子项目得分比较

4.2　小学生积极心理品质的性别差异分析

(1)不同性别学生在六大维度上的平均分比较

表 4　不同性别学生在六大维度上的独立样本 T 检验分析

维度	平均数	标准差	T 值	P 值
智慧和知识	7.2486	0.99744	0.579	0.563
勇气	7.6333	1.16432	-0.279	0.780
仁慈	8.0146	1.24180	-3.595	0.000***
正义	7.2356	1.28374	-2.102	0.036*
自制	7.6138	1.00701	-0.796	0.426
超越自我	7.7167	1.04003	-3.654	0.000***

从表 4 可知，男女生在仁慈、超越自我维度上有非常显著差异($p<0.001$)，在正义维度上有比较显著差异($p<0.05$)，在其他维度上没有显著差异。从图 1 的平均数比较发现，女生在仁慈、超越自我和正义维度上的得分高于男生。

(2)不同性别学生在24个子项目上的平均分比较

表5 不同性别学生在24个子项目上的独立样本T检验分析

维度	Sig.	t	df	Sig.(双侧)
友善	0.04	2.913	573	0.004**
爱	0.012	2.710	571	0.007**
公平	0.037	3.012	566	0.003**
欣赏美	0.313	7.831	555	0.000***
宽恕	0.219	2.721	548	0.007**
热情	0.426	1.990	561	0.047*

从表5可以看出，男女生在欣赏美维度上具有非常显著差异($p<0.001$)，在友善、爱、公平、宽恕维度上有显著差异($p<0.01$)，在热情维度上有比较显著差异($p<0.05$)，在其他维度上没有显著差异。从图2的平均分比较发现，在上述六个有差异的维度上，都是女生得分明显高于男生。

4.3 小学生积极心理品质的年级差异分析

(1)不同年级学生在六大维度的单因素方差分析

表6 不同年级学生在六大维度的单因素方差分析

维度	平均数	标准差	F值	P值
智慧和知识	7.2486	0.99744	0.615	0.606
勇气	7.6333	1.16432	2.765	0.041*
仁慈	8.0146	1.24180	1.497	0.214
正义	7.2356	1.28374	1.995	0.114
自制	7.6138	1.00701	0.254	0.858
超越自我	7.7167	1.04003	2.351	0.071

从表6可以看出，在勇气维度上存在年级差异($p<0.05$)，其他维度年级差异不显著。

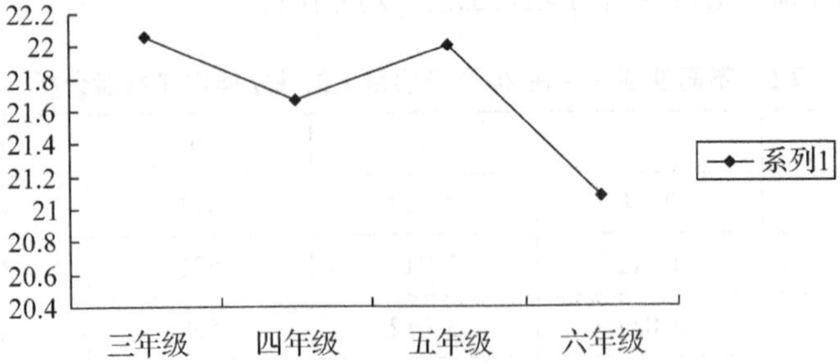

图 3　勇气维度上的年级差异比较

进一步事后多重比较(LSD)发现，在勇气维度上，三年级和六年级、五年级和六年级之间存在差异(p<0.05)，平均数比较发现(图 3)，三年级和五年级学生的得分均高于六年级学生。

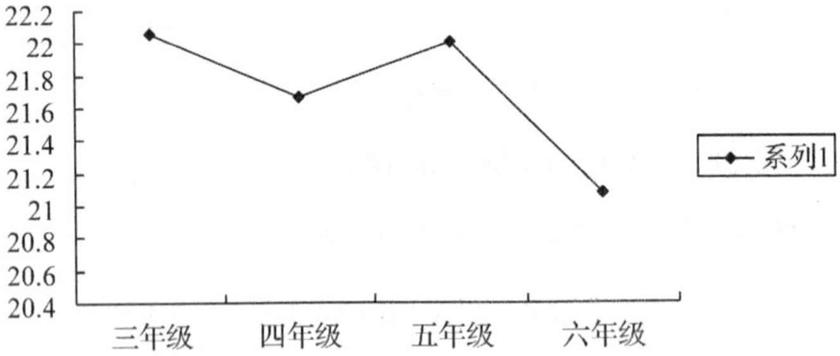

图 4　正义维度上的年级差异比较

在正义维度上，三年级和六年级、五年级和六年级之间存在差异(p<0.05)，平均数比较发现(图 4)，三年级和五年级学生的得分均高于六年级学生。

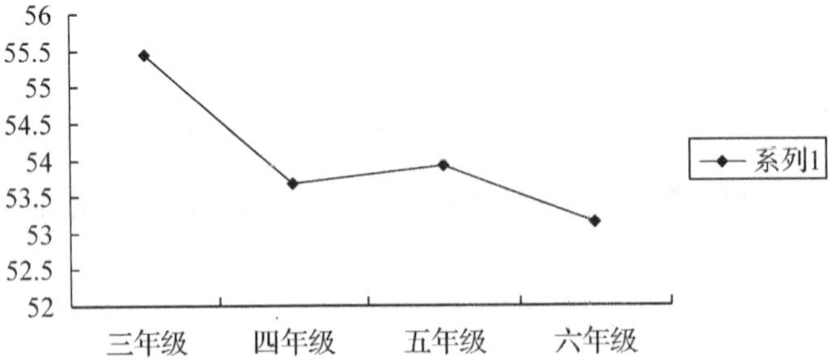

图 5　超越自我维度上的年级差异比较

在超越自我维度上，三年级和六年级之间存在差异($p<0.05$)，平均数比较发现(图5)，三年级学生得分明显高于六年级学生。

(2)不同年级学生在24个子项目上的单因素方差分析

表7　不同年级学生在24个子项目上的单因素方差分析

维度	平方和	df	均方	F	显著性
热爱学习	33.331	3	11.11	4.18	0.006**
视野	31.449	3	10.483	3.125	0.025*
诚实	34.031	3	11.344	4.083	0.007**
公平	43.826	3	14.609	6.257	0.000***
欣赏美	37.354	3	12.451	2.929	0.033*
宽恕	62.453	3	20.818	6.074	0.000***

经过对不同年级学生在24个子项目上的单因素方差分析发现(表7)，在公平、宽恕项目上存在非常显著的年级差异($p<0.001$)，在热爱学习、诚实项目上存在显著的年级差异($p<0.01$)，在视野、欣赏美项目上存在比较显著的年级差异($p<0.05$)，在其他项目上年级差异不显著。

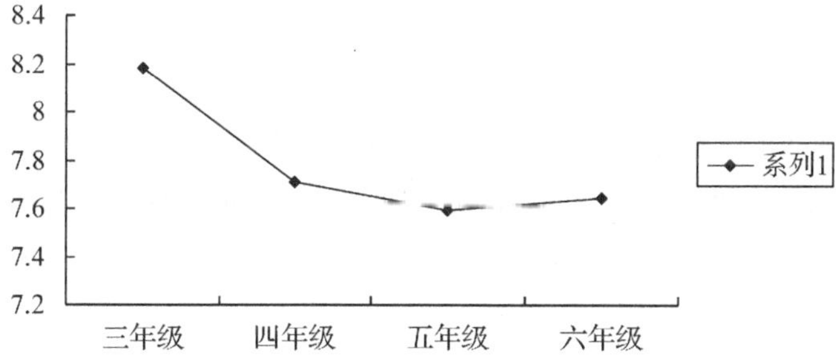

图6　热爱学习项目上的年级差异比较

事后多重比较(LSD)发现，在热爱学习项目上，三年级分别和四年级、五年级、六年级之间存在差异($p<0.05$)，平均数比较发现(图6)，三年级学生得分明显高于四年级、五年级和六年级学生。

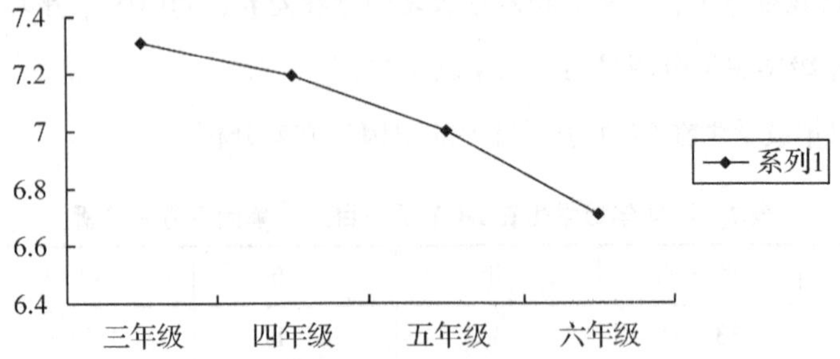

图 7　视野项目上的年级差异比较

在视野项目上，三年级和六年级之间、四年级和六年级之间存在差异($p<0.05$)，平均数比较发现(图 7)，三年级和四年级学生得分明显高于六年级学生。

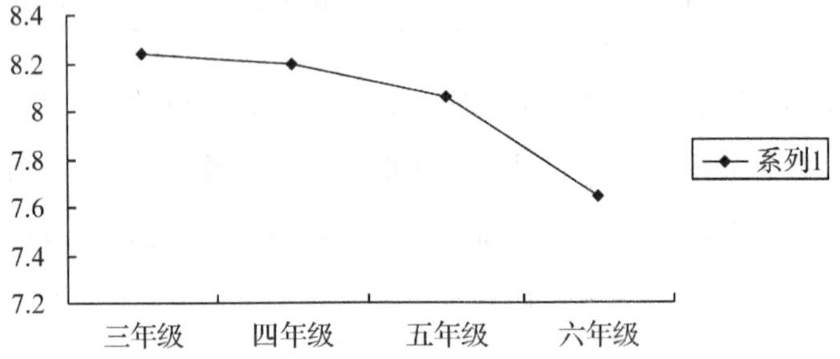

图 8　诚实项目上的年级差异比较

在诚实项目上，三年级、四年级、五年级分别与六年级之间存在差异($p<0.05$)，平均数比较发现(图 8)，三年级、四年级、五年级学生得分明显高于六年级学生。

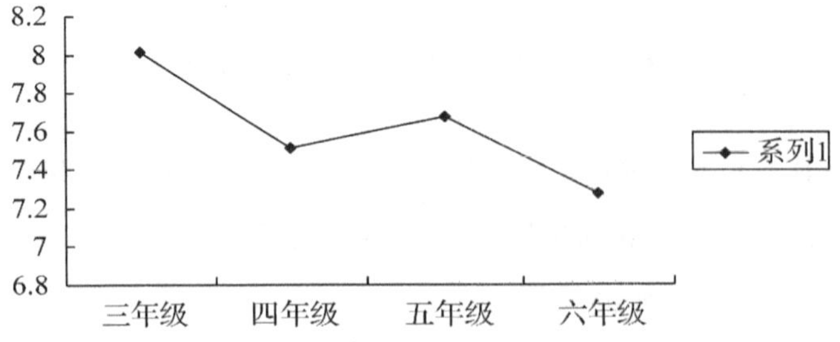

图 9　公平项目上的年级差异比较

在公平项目上，三年级分别和四年级、五年级、六年级之间存在差异($p<0.05$)，五年级和六年级之间存在差异($p<0.05$)，平均数比较发现(图 9)，三年级学生得分明显高于四年级、五年级和六年级学生，五年级学生得分也明显高于六年级学生。

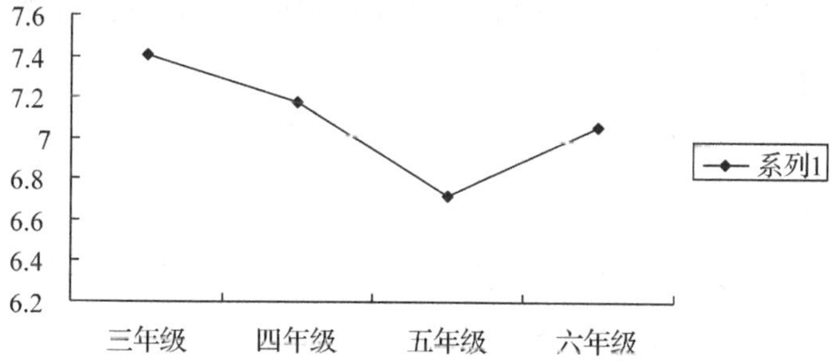

图 10　欣赏美项目度上的年级差异比较

在欣赏美项目上，三年级和五年级之间、四年级和五年级之间存在差异($p<0.05$)，平均数比较发现(图 10)，三年级和四年级学生得分明显高于五年级学生。

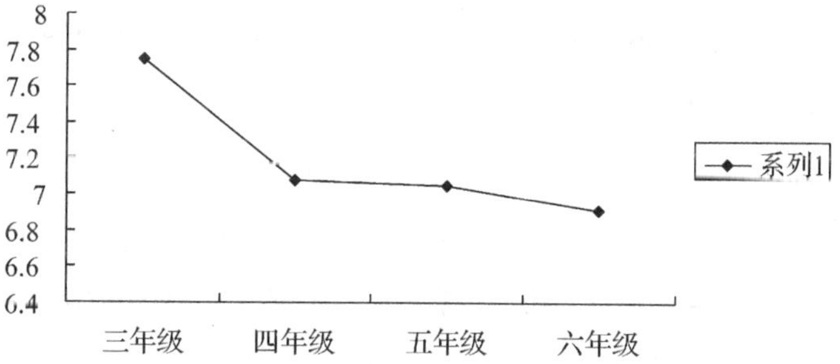

图 11　宽恕项目上的年级差异比较

在宽恕项目上，三年级分别和四年级、五年级、六年级之间存在差异($p<0.05$)，平均数比较发现(图 11)，三年级学生得分明显高于四年级、五年级和六年级学生。

(五)研究讨论

5.1　小学生积极心理品质总体特点

根据六大维度的描述统计结果，南山区小学 3~6 年级学生在六大品质的发展程度上不一致，发展水平由高到低依次是仁慈、超越自我、勇气、自制、智慧、正义。得分最高的是仁慈和超越自我，得分最低的是智慧和正义。说明今后需重点培养学生的智慧和正义的品质。

根据24个子项目的描述统计结果，南山区小学3~6年级学生在24项积极心理品质的发展程度不一致，发展水平由高到低的顺序是：希望、爱、自律、信仰、热情、诚实、英勇、成员精神、热爱学习、友善、公平、谦和、幽默、感激、独创性、判断力、宽恕、社会智能、欣赏美、视野、谨慎、坚定、好奇心、领导能力。其中得分最高的三项品质是希望、爱和自律，而得分最低的三项品质是坚定、好奇心和领导能力。说明今后需重点培养学生坚定、好奇心和领导能力品质。

5.2　女生在多项积极心理品质上的得分明显高于男生

研究发现，在积极心理品质六大维度的性别比较上，女生在仁慈、超越自我和正义等品质上的得分高于男生。在积极心理品质24个子项目性别比较上，女生在友善、欣赏美、爱、公平、宽恕、热情等品质上的得分明显高于男生。

人们一般认为，在小学和初中阶段，由于女生的生理和心理发育早于男生，女生成绩优异、伶牙俐齿、擅长组织活动，是学校里的佼佼者，通常到了中等教育后期，男生往往就能追赶上甚至超越女生。但是，从当前教育的现状来看，女生的学业优势不断扩展和延伸，几乎在所有学科领域、在各级教育水平上女生的学业表现都赶上或者超过了男生。男生危机并非中国独有，它已成为一种国际性的现象。在英国，近些年的考试结果表明，女生几乎在所有的科目上都比男生表现优异。在澳大利亚，男生不仅在读写能力、学校投入和喜欢学校、教育成就等方面与女生存在差距，在出现纪律问题和被学校开除的学生中，男生几乎占了绝大多数。在美国，男生比女生更早脱离正式的教育制度离开学校，人数比女生多，年龄也比女生小。年轻女性要比年轻男性更愿意上大学，更可能读到毕业，而且更有可能去攻读一个硕士学位，2000年拿到硕士学位的女性是男性的1.38倍。美国的《商业周刊》曾这样预言："在美国各地，女生在学习方面似乎建立了一个罗马帝国，而男生则像古希腊一样日趋衰败。"

5.3　低年级学生在多项积极心理品质上的得分明显高于高年级学生

研究发现，在积极心理品质6大维度的年级差异分析上，勇气维度存在年级差异，主要是三年级和五年级学生的得分均高于六年级学生。

在积极心理品质24个子项目的年级差异分析上，公平、宽恕、热爱学习、诚实、视野、欣赏美等项目上表现出不同年级发展特点，总体上都是低年级得分均高于高年级。具体体现在以下几个方面，公平：三年级学生得分明显高于四年级、五年级和六年级学生，五年级学生得分也明显高于六年级学生。说明需大力培养高年级学生，特别是六年级学生的公平品质。宽恕：三年级学生得分明显高于四年级、五年级和六年级学生。说明需大力培养高年级学生的宽恕品质。热爱学习：三年级学生得分明显高于四年级、五年级和六年级学生，说明需大力培养高年级学生热爱学习的品质。诚实：三年级、四年级、五年级学生得分明显高于六年级学生，说明需重点培养六年级学生的诚实品质。视野：三年级和四年级学生得分明显高于六年级学生，说明需重点培养六年级学生的视野品质。欣赏美：三年级和四年级学生得分明显高于五年级学生，说明需重点培养五年级学生欣赏美的品质。

(六)研究结论

本研究得出以下结论。

1. 不同性别学生呈现出差异，女生在仁慈、超越自我和正义等品质上的得分高于男生。在积极心理品质24个子项目性别比较上，女生在友善、欣赏美、爱、公平、宽恕、热情等品质上的得分明显高于男生。

2. 不同年级学生呈现出发展性的差异，在勇气维度存在年级差异，主要是三年级和五年级学生的得分均高于六年级学生。在公平、宽恕、热爱学习、诚实、视野、欣赏美等子项目上表现出不同年级发展特点，总体上都是低年级学生得分均高于高年级学生。

成果之二：小学生积极心理品质的活动设计课例

本研究在南山区沙河小学、育才三小和盐田区外国语小学东和分校、盐港小学分别进行了课题实验。四所学校的教师积极参与课题研究，并按照 24 项积极心理品质分类设计了小学生积极心理品质活动设计方案，经过征集评选活动，共评选出 57 份优秀活动设计课例。

序号	姓名	课程名称	培养品质	适用年级
1	陈尚宝	心中的塔	团队合作	五年级
2	程卫丹	手拉手，好朋友	社会智能	二年级
3	邓永贞	学会欣赏	审美、真诚	五年级
4	胡　姝	自信助我快乐成长	自信心	二年级
5	黄　燕	真正的朋友	真诚	三年级
6	李淑英	情绪日记画	自律	五年级
7	廖敏莹	喜怒哀乐	关心	三年级
8	刘虹邑	学会合作	团队合作	五年级
9	唐明宇	友好相处	友善	五年级
10	王　静	爱的回报	爱	二年级
11	王　钊	友善在我心	友善	四年级
12	王照燕	培养创造力	创造力	低年级
13	许　顺	同桌的你	真诚	二年级
14	严彩丽	穿越封锁线	团队精神	三年级
15	钟福安	学会感恩	感恩	六年级
16	冼建枚	诚信在我心中	诚信	三年级
17	李　敏	学会自控	自控	三年级
18	周红玉	做最好的自己	坚持	五年级
19	黄友强	爱的保护伞	感恩	四年级
20	林斯洁	感恩	感恩	四年级
21	陆春美	谦虚使人进步	谦虚	三年级
22	张　丽	热情——积极主动	热情	一二年级
23	吴晓敏	水往低处流，对吗？	好奇心	一年级
24	刘力硕	图形联想创意	创造力	五年级
25	黄友强	退一步海阔天空	宽容	四年级

续表

序号	姓名	课程名称	培养品质	适用年级
26	马 燕 黄友强	做新时代的拓荒牛	创造力 坚持	六年级
27	田巧凤	心灵的窗户	洞察力	三年级
28	王 琪	感知正与诚	正直、诚信	三年级
29	刘 娟	火车全靠头来拉	领导力	六年级
30	陈燕愉	美在心中	审美	六年级
31	叶翠华	以信仰为舵，扬起生命之帆	信仰	六年级
32	郑燕娜	1+1>2	团队精神	三年级
33	陆春美	团结合作力量大	团队精神	三年级
34	王惠文	让花儿在自律中绽放	自律	五年级
35	李小花	友善互助	友善	一年级
36	袁龙梅	公德在我心	公德心	五年级
37	林乐玲	做一个真正的勇者	勇敢	一年级
38	谢毅辉	做一个有责任心的人	责任	四年级
39	王 卉	赞赏使我更美丽	自信	五年级
40	杨 丹	乐观	乐观	四年级
41	王琪璇	与依赖说再见	自主独立	四年级
42	黄 舫	让花儿在自律中开放	自律	五年级
43	周晓茄	谦虚，中华民族的传统美德	谦虚	三年级
44	邵莹莹	我爱少先队	信仰	一年级
45	马成红	真诚对待他人	真诚	六年级
46	王 婷	成长的翅膀	勇气	一年级
47	杨妍琪	多角度看问题	开放	三年级
48	韩旭东	让我们心怀感恩的心	感恩	六年级
49	罗文媛	坚持就是胜利	坚持	四年级
50	李雪芹	了解自我，管理自我	自律	五年级
51	刘丁芳	心中的美——宽容	宽容	二年级

续表

序号	姓名	课程名称	培养品质	适用年级
52	施炜炜	“变形金刚”组合出新招	创造力	四年级
53	戴锦兰	团队精神	团队精神	四年级
54	王　旭	We’re one team	团队精神	四年级
55	温晋云	幽默	幽默	五年级
56	吴子丹	友善待人，快乐生活	友善	二年级
57	杨学梅	勇敢的心　智慧地行	勇敢	三年级
58	王丽霞	幽默的艺术	幽默	五年级

成果之三：小学生积极心理品质的教育叙事与反思研究

本研究还在四所实验学校开展了教育叙事与反思研究，经征集评选，共有31篇教育叙事和教育反思收录进成果汇集。

序号	姓名	类别	研究内容
1	安　艳	教育叙事	“飞”回来的50元钱
2	陈春红	教育叙事	幼小的心灵更需要呵护
3	陈文红	教育叙事	批评教育中的暗示艺术
4	陈亚男	教育叙事	与“小叶老师”的一次办公室会晤
5	何　羽	教育叙事	我听见天使在唱歌
6	李淑英	教育叙事	怒放的向日葵
7	李　稚	教育叙事	一个后进生的转变
8	潘玲玲	教育叙事	爱的希望
9	沈　予	教育叙事	顽石也有柔情
10	王　静	教育叙事	用爱开启心门
11	王　艳	教育叙事	耕耘千百倍，鲜花满园春
12	邢诒怡	教育叙事	用“含钙”的眼神关注孩子
13	姚金芬	教育叙事	小冤家变成了好朋友
14	于素丽	教育叙事	我宽容我快乐
15	张　敏	教育叙事	温柔坚持，静待花开

续表

序号	姓名	类别	研究内容
16	张秀能	教育叙事	宋童的“阿玛尼斯情结”
17	朱　君	教育叙事	高高举起的手
18	朱　君	教育叙事	老师相信你
19	朱　君	教育叙事	失踪的小红花
20	朱　君	教育叙事	忘记值日的孩子
21	朱　君	教育叙事	在春天悄然离开的黄依婷
22	宗　璐	教育叙事	用爱融化孤独的坚冰，让阳光照亮幽暗的心灵
23	王丽霞	教育叙事	小 D 的寻“爱”之旅
24	常翠贤	教育反思	鼓励 · 自信
25	崔家宁	教育反思	坚持
26	黄　燕	教育反思	教育需要赏识
27	刘虹邑	教育反思	合作中遇见更好的孩子
28	吴少芬	教育反思	从心理特点入手，抓好一年级学生的养成教育
29	熊紫亦	教育反思	竞争与合作
30	张　浩	教育反思	学生行为习惯的养成
31	朱　君	教育反思	小小粉笔头，能做大文章

八、教育建议

针对本研究得出的结论，特提出如下教育建议：

1. 学校应该加强性别教育，多开发开设一些适合男生特点的校本课程和主题活动；要改变传统的单纯以成绩来评价学生的办法，将能力评价与成绩评价结合起来，让男生的特点与优势得到展现和认可；要积极培养男生的责任意识，给予男生更多的活动机会和任务等。

2. 鼓励父亲更多地参与家庭教育，对于有男孩的家庭来说，父亲要发挥自己的榜样作用，要耐心地指导孩子，把他当一个男人来看待，与他交流，多陪他开展一些适合男孩的户外活动，鼓励引导他遇到困难时要学会自己分析，学会自己处理。而作为母亲，不要替男孩包办一切，不要舍不得让孩子吃一点苦，应该勇于“放养”。

3. 社会文化方面要通过舆论宣传营造健康向上的性别文化，树立更多的男性阳刚精神形象，回归社会道德本性，不要让“伪娘”现象充斥文学艺术作品。

4. 男孩本身要积极锻炼自己的体魄，培养自己的意志品质；要学会欣赏自己，发挥自己优势的同时克服自己的弱点，要学会勇敢、担当、责任和自信。

九、思考与展望

经过近两年时间的研究和实践，我们的课题尽管取得了一些研究成果，课题组教师也得到了很大的锻炼，但也存在一定的不足。

1. 本课题开展得到了上级主管部门和各实验学校领导的大力支持，但在将课题成果有效转化为实践应用方面还需要进一步完善。

2. 在心理活动这一领域，我们只进行了班级活动形式的团体辅导。但我们知道，班级活动只是心理教育活动的一部分内容，因而我们的实验开展形式还过于单一。

3. 在实证调查研究中，我们只针对小学生积极心理品质的年级特点和性别特点进行了分析，对于积极心理品质与学生学业成绩和家庭背景因素之间的关系方面，我们在实验后期进行了数据收集，但因为数据整理量较大，数据统计分析需要借助专业人员，因此，我们的研究暂时还欠缺更丰富的相关研究，下一步我们会进一步完善研究，尽快将研究成果整理发表。

4. 我们研究对象只选择南山区、盐田区各两所小学，缺乏与其他区和其他省市的数据对比，被试对象还不具备充分的代表性，下一步我们会考虑扩大研究范围。

回顾过去，笔者承担的深圳市教育科学“十三五”规划 2015 年度重点非资助课题《基于赏识教育的小学生积极心理品质的培养研究》，按照研究方案，经过近两年的辛勤探索、钻研、实践，在上级部门、专家领导的关心与指导下，圆满完成了预定的目标。展望未来，我们对继续做好中小学生积极心理教育充满信心。我们深信，在上级科研部门的指引下，在全体师生的共同努力下，我区的教育科研工作会迈上新的台阶。

附件：

小学生生活状况调查问卷

亲爱的同学：

你好！这是一项小学生生活状况的调查。通过调查可以帮助了解中国小学生生活方面的情况，为促进中国小学生的发展提供科学依据。因此，你的参与非常重要。我们郑重承诺：你回答的信息只用于研究，我们会严格保密，任何其他人员(包括家长、学校领导、老师)没有机会拿到你的信息，请放心填写。答案没有对错之分，请你一定要根据自己的实际想法在符合自己情况的相应选项后打“√”或填空。

一、基本信息

1. 你的性别：(1)男　　(2)女

2. 你的年级是：____年级　　年龄是：____ 岁(周岁)　　阳历生日：____年____月____日

3. 过去1年，你的家长是否体罚过你：

(1)从来没有　　(2)偶尔　　(3)经常

4. 过去1年，你的家长对你发过火吗：

(1)从来没有　　(2)偶尔　　(3)经常

5. 你对自己学习成绩的期望是：

(1)考多少都可以　　(2)班里中等　　(3)班里前十名　　(4)班里前三名

6. 你希望自己的学业达到什么水平？

(1)小学及以下　　(2)初中毕业　　(3)高中毕业(包括职高或中专)

(4)大学毕业(包括大专或本科)　(5)研究生毕业　(6)不清楚

7. 以下是关于你父母情况的描述，请你选择一个最符合自己实际情况的选项。

你的亲生父母是否离婚：(1)是　(2)否

你的亲生父母是否有一方或双方去世：(1)是　(2)否

8. 爸爸妈妈对你要求的严格程度：

爸爸：(1)很不严格　(2)比较不严格　(3)比较严格　(4)很严格

妈妈：(1)很不严格　(2)比较不严格　(3)比较严格　(4)很严格

9. 你对语文和数学的喜欢程度：

语文：(1)很不喜欢　(2)比较不喜欢　(3)比较喜欢　(4)很喜欢

数学：(1)很不喜欢　(2)比较不喜欢　(3)比较喜欢　(4)很喜欢

10. 你当前的学习成绩是：

语文：(1)很不好　(2)中等偏下　(3)中等　(4)中等偏上　(5)很好

数学：(1)很不好　(2)中等偏下　(3)中等　(4)中等偏上　(5)很好

11. 你对爸爸妈妈的喜欢程度是：

爸爸：(1)很不喜欢　(2)比较不喜欢　(3)比较喜欢　(4)很喜欢

妈妈：(1)很不喜欢　(2)比较不喜欢　(3)比较喜欢　(4)很喜欢

二、显著优点问卷

下面共有48道题目，每道题目的答案有5个选项，即：非常像我、像我、中等/无所谓、不像我、非常不像我，请您根据自己的实际情况在相应的答案选项上打"√"。答案无所谓对错，也不会对您的学习及生活造成影响，结果只用于科学研究，谢谢您的配合！

	非常像我	像我	中等/无所谓	不像我	非常不像我
1. 我总是对世界很好奇	1	2	3	4	5
2. 我很容易变得无聊	1	2	3	4	5
3. 当我学到新的东西我会很兴奋	1	2	3	4	5
4. 我不喜欢去博物馆	1	2	3	4	5

续表

	非常像我	像我	中等/无所谓	不像我	非常不像我
5. 如果在和朋友们玩游戏时出现问题，我会找到它发生的缘由	1	2	3	4	5
6. 我父母总说我没有好的判断力	1	2	3	4	5
7. 我总会想出新的好玩儿的主意	1	2	3	4	5
8. 我的朋友大多数都比我有想象力	1	2	3	4	5
9. 不论和什么样的同学玩，我都能融入他们当中	1	2	3	4	5
10. 我不太容易感觉到别人的感受	1	2	3	4	5
11. 大人们常说我比我的实际年龄要成熟得多	1	2	3	4	5
12. 其他人不经常来问我的意见	1	2	3	4	5
13. 我经常在强烈反对声中表明我的立场	1	2	3	4	5
14. 痛苦和失望经常把我打败	1	2	3	4	5
15. 我父母总表扬我做事有始有终	1	2	3	4	5
16. 做事时我总会转移目标	1	2	3	4	5
17. 我总能遵守我的诺言	1	2	3	4	5
18. 我会撒谎以便帮自己摆脱责骂或处罚	1	2	3	4	5
19. 我对新来的同学们很友好	1	2	3	4	5
20. 我从来对自己的好运比对他人的好运感到更多的兴奋	1	2	3	4	5
21. 我知道在某些人的生活中我是最重要的	1	2	3	4	5
22. 我不容易接受别人给我的爱	1	2	3	4	5
23. 我很喜欢作为课余或校外活动组织的一员	1	2	3	4	5
24. 我不喜欢与其他同学或团队组织合作	1	2	3	4	5
25. 我对所有人都很公平，不管他们是谁	1	2	3	4	5
26. 如果我不喜欢一个人，我很难对此人公平	1	2	3	4	5
27. 我和朋友们玩的时候他们总让我带头	1	2	3	4	5
28. 我不会很好地组织团体活动	1	2	3	4	5

续表

	非常像我	像我	中等/无所谓	不像我	非常不像我
29. 如果需要的话，我可以很容易地停止玩游戏机或看电视	1	2	3	4	5
30. 我总是迟到	1	2	3	4	5
31. 我尽量避开会给我找麻烦的事或人	1	2	3	4	5
32. 我有时在活动中会做出错误的决定	1	2	3	4	5
33. 与其说我自己，我情愿让别人去说说他们自己	1	2	3	4	5
34. 有人说过我是一个喜欢炫耀卖弄的孩子	1	2	3	4	5
35. 与同龄人比，我更喜欢音乐或跳舞或看电影	1	2	3	4	5
36. 一年里我没有创造任何美的东西	1	2	3	4	5
37. 想想我的生活我能找到很多值得我感激的东西	1	2	3	4	5
38. 老师或同学帮助我后，我总忘记说“谢谢您”	1	2	3	4	5
39. 我总抱有乐观的态度	1	2	3	4	5
40. 我很少会为自己想要的东西设计细心考虑过的计划	1	2	3	4	5
41. 我相信每个人都很特别，在这世界上有重要的使命	1	2	3	4	5
42. 我没有使命感	1	2	3	4	5
43. 如果有人伤害了我，我不会去报复	1	2	3	4	5
44. 我不会原谅别人做过的错事	1	2	3	4	5
45. 朋友们和同学们说和我在一起玩很有乐趣	1	2	3	4	5
46. 我没有幽默感	1	2	3	4	5
47. 我热爱我的生活	1	2	3	4	5
48. 我总是闷闷不乐	1	2	3	4	5

Ⅱ 活动设计篇

第一章

智慧和知识

1.1　异想天开

【活动名称】异想天开

【培养品质】创造力

【活动对象】低年级学生

【学情分析】

低年级的孩子想象力丰富，天马行空。想象力比知识更重要，因为知识是有限的，而想象力概括着世界的一切，推动着世界进步，并且是知识进步的源泉。由此可见，在一定程度上，想象就是创造。低年级孩子的想象力犹如一个尚未开发的宝矿，只要善于挖掘，就会找到取之不尽、用之不竭的宝藏。所以在低年级开展这样的心理活动课程，对学生进行有针对性地训练就显得尤为重要。这对培养孩子们创造力具有重要的作用和意义。

【课堂类型】心理活动课

【活动目标】

1. 通过活动，使学生了解创造力特点，发现创造的独特魅力。
2. 通过实践活动，培养学生的想象力和勇于创新的精神。

【课时安排】1 课时

【活动准备】

多媒体教学课件、音乐、矿泉水、剪刀、课前收回的画和七巧板。

【活动过程】

（一）“你画我猜”游戏导入（5 分钟）

1. 邀请一个学生上台背对黑板面向全体同学，PPT 展示文字，邀请其他同学只能用动作表示，台上的同学来猜。

2. 请学生说说活动过程中自己的感受，为什么有的词语猜得出，有的词语猜不出？请学生分享自己的看法。

3. 教师：曾经有位哲人说过：“想象力比知识更重要。”丰富的想象力使我们的生活日新月异，飞速发展的社会更需要我们的创新精神，需要创造力。所以今天这堂课，请你们和老师一起搭上探险的飞船，去挖掘你们的神秘宝藏！

（二）听故事，谈启发（10 分钟）

听听阿基米德的故事，你一定会有所启发。有请我们的小小故事家。

（讲故事，并放动画）故事内容简介：

同学们，你们知道阿基米德吗？他是古希腊伟大的科学家。

他从小就喜欢听故事，这些故事也极大地激发了他的想象力。他喜欢听别人对某个问题的争论，并且敢大胆说出自己的想法。每天，都有许多疑问在脑子里转悠：“为什么大海总是咆哮不停？为什么大船会浮在海面上行走……”有时他的小脑袋瓜还会迸发出一些奇妙的新想法。

有一天，他看见农民们正在把尼罗河里的水运到高处灌溉农田。他想：如果有一样东西，使水能够自动从低处向高处流，那该多好啊！于是，他回到家里，冥思苦想，反复测算，终于发明了螺旋抽水机，使水能从低处往高处流。这在当时，真是一个了不起的奇迹！

后来，阿基米德还创立了著名的关于浮力的学说“阿基米德定律”。例如，阿基米德桥是依靠水的浮力建设在水下的悬浮隧道，与隧道相比，减少了陆地交通连接的过渡隧道长度。他也被后人誉为“力学之父”。

听了故事你有什么启发，和同组的小朋友说一说（小组讨论）。

请各组派一名代表汇报一下你们组的观点。

教师小结：同学们刚才各抒己见，老师这里总结一下大家的观点，我们在日常生活中也要像阿基米德那样，勤观察，多思考，学会质疑，要有发问的精神，还要有渊博的知识，丰富的想象力，做生活的有心人，学会学习，学会创新，有创造力，这样我们也会像阿基米德那样，成为有成就的人，成为伟大的人。

（三）测一测（2分钟）

好！让我们休息一下，一起到“创新之门”的百宝镜照一照，看看自己的思维有什么特点吧！请看课件。

得了4分以上的同学请举手，恭喜你，你是个具有创新思维的孩子。

（四）想一想，演一演《解放天性游戏》（20分钟）

得分高的同学不要骄傲，得分低的同学也不要气馁，因为分数并不重要，下面的一个游戏，不仅可以使你大开眼界，还可以培养你的创新思维。让我们插上想象的翅膀，随老师一起去创新的天空中翱翔。

1. 看下面的一组图形，你能想到一些什么事物，什么场景，想的越多越好，然后把你想到的用动作表示出来，用你的肢体语言告诉我们你所想到的。

2. 听音乐想象

老师这里有一首曲子特别好听，想不想听一下。音乐好听吗？老师看你们专注的样子，很好奇，想问问你们，听音乐时，你们听到了哪些动物的声音和乐器，把你想到的，听到的大胆的说出来，或者用你的肢体语言表达出现？（音乐：森林狂想曲）

教师小结：同学们不但会看图说话，还会听音乐说话，你们的创新思维达到了标新立异的境地，真是太棒了！

3. 智力题问答

教师：4是8的一半对吗？

学生答（基本上的回答是肯定的）

教师：那0是8的一半，对吗？

学生答（经过思考后，大多数会同意这一说法，因为8是由两个0上下相叠而成）

通过以上的问题和学生的回答，我们发现孩子会受固定思维影响，如果再问：

“3是8的一半，是吗？你们是不是把8竖着分成两半，则是两个3。”

教师小结：所以孩子们摆脱固有的思维模式是创造性思维的起点，当我们学会转换思维的角度，就会更好地看到问题情境之间的关系，才能更有效地发现创造性的问题解决之道。学会用新的眼光来重新认识身边一些习以为常的事物。这样你们会发现生活的不同和闪光点。

4. 异想天开：张开想象力的翅膀

(1)结合生活实际，说一说你有哪些大胆而创新的想法和设计。比如老师手里拿着一个空的矿泉水瓶，你们能把这个矿泉水瓶变成什么样？当一次小小的魔术师。(小组合作设计矿泉水瓶)

(2)小组汇报并展示自己的作品。

(3)欣赏其他学校科技节的优秀小发明、小制作。

(五)总结(3分钟)

孩子们，这堂课你们表现很出色，老师惊奇的发现你们已经挖掘到了自己的宝藏，欣喜的看到你们具备了创新人才的素质。你们不仅懂得了什么是创造力，还学会了创新，不仅有丰富的想象力，还有创新意识。老师为你们骄傲。老师送你们一句列夫·托尔斯泰曾说过的话：想象力是创造力的源泉。神奇的大自然正等待你们去探索，宇宙的奥秘等待你们去揭开。老师坚信，通过努力和想象力，你们中间也许会出现第二个爱迪生，第二个阿基米德！

(设计：王照燕　陈秀芸)

1.2 图形联想创意

【活动名称】图形联想创意

【培养品质】创造力

【活动对象】高年级学生

【学情分析】

小学高年级学生对美术基础知识和基本技能有了一定的掌握，学习习惯比较好，对美术的学习兴趣也比较浓厚，同时具有较好的绘画基础和对各种材料综合运用的能力。大部分学生能较好地表现平面形象、立体造型，并能大胆地发挥想象。

【课堂类型】心理活动课

【活动目标】

1. 了解创意作品的几种表现手法，通过观看—感受—体验—讨论—联想—创意一系列的活动，开拓形象思维，培养创新能力。

2. 通过欣赏艺术家的作品，感受他们构思的奇妙和视觉的独特，激发创造力。

【课时安排】1课时

【活动准备】

（学生）彩卡纸、水彩笔或油画棒、勾线笔等。

（教师）课件、范例、展示角、卡纸、水彩笔或油画棒、勾线笔等。

【活动过程】

（一）活动导入（5分钟）

1. 看视频，想一想，一些图案是怎么组成的？

2. 播放视频香奈儿2011超级创意动画广告。

3. 议一议：在这个广告中，出现了哪些形象？他们是由什么组成的。（学生讨论，教师提问）

4. 小结：在广告中出现了蜘蛛、少女、机器人等形象，所有都是用香奈儿化妆品组成的，根据物品的形状特性，通过对物品的摆放，发挥你的创造力，就能创造出很多生动的形象。

(二)欣赏作品，启发想象(7分钟)

1. 欣赏生活中的联想图。

教师："其实我们的生活离不开图形联想，联想无处不在。欣赏并说一说：分别是由什么产生联想的？"

(播放课件，显示各种创意图形画面，突破时间、空间的限制。)

课件依次展示出悉尼歌剧院、鸟巢等图片。让学生观察，教师："瞧，这是什么？它像什么？"(展示帆船)

课件再展示建筑设计、家居设计等图片。

2. 小结：独特的创意给我们的生活带来了新的视觉体验和无穷的乐趣！

(三)小组研究，探究方法(8分钟)

1. 我们如何学着设计师一样，去设计有趣的图形呢？让我们先来欣赏以下的图形创意，看看分别是由什么联想到的。

出示范例《水杯》，请学生研究：水杯变成了什么？加了哪些关键图形？还可以变成什么？

课件出示奇特的画《水杯创意图》

师：奇在哪里？

生：把杯子联想成有跳台的游泳池……

师：一杯水变成了一池水，改变了杯子的用处。要是我们去跳水那该怎么办？

生：人变小或杯子变大。

师：虽然一杯水变成了一池水，但它们有一样的地方，都是水，画家根据这一点展开了奇特的联想。

(板书：方法：夸张)

补充图片：变大、变小、变长、变短

2. 出示范例《尺》，引导学生继续研究图形联想的基本方法。(小组研究)

找灵感，生活中的哪些东西与尺相近？

生：笔直的路、三角形的旗、旋涡、吸管、闹钟……

（板书：相似组合）

“就是把两个或以上的物体比较接近的部分，进行巧妙的组合，形成新的图形。”

3. 总结小窍门

（板书：抓住特征、巧妙设计）

“你瞧！这一组鸭子的联想图，真是恰到好处，巧妙而简洁。”

展示《鸭子》图形。

怎样才算巧妙呢？

比如这个杯子，这样联想你认为巧妙吗？而这样的设计呢？为什么？

小结：图形设计关键在于把有联系的物体巧妙地组合在一起。

（四）明确任务，大胆表现（10 分钟）

给学生一些已经有相关图形（杯子、人物等）的卡纸，要求学生在卡纸上进行联想绘画；也可以给学生展示某一个实物，要求学生根据实物的特点进行抽象绘画。

学生自由创作，教师巡回辅导。要求学生表现图形联想时，应发挥想象力，大胆动笔画，老师在巡视中多鼓励，调动学生学习的积极性，激发他们的创造力。

（五）展示评价，体验乐趣（5 分钟）

把学生作业展示在“图形联想园”里，并引导学生扮演设计师从造型、色彩、创意等方面进行评价。

说说你最喜欢谁的作品，为什么？

（六）课外延伸，拓展情感（5 分钟）

欣赏生活中的创意联想，屏幕播放。

结语：联想无处不在，创意信手拈来！只要敢想，一切皆有可能！

爱因斯坦说：“想象力比知识更重要”“没有做不到的，只有想不到的！”只要我们发挥创造力，就能改变和创造世界。

（设计：刘力硕　陈秀芸）

1.3 神奇变~变~变~

【活动名称】神奇变~变~变~

【培养品质】创造力

【活动对象】中年级学生

【学情分析】

中年级的孩子这个阶段本身是富有想象力创造力的阶段，孩子们好奇心强、活泼好动，天马行空、想象力丰富、大胆，敢于表现自己的想法，具备一定的创编能力，给予孩子们一定的引导，就会创造出许多奇思妙想。这个阶段，宜保护好孩子的创造力，保持好奇和兴趣、激发孩子的创造欲望，将创造与学习和生活联结在一起，鼓励孩子开展创造性活动。

【课堂类型】心理活动课

【活动目标】

1. 打破思维定势，突破常规，感受创造力的神奇之处；

2. 了解创造力的元素，进行创造性思考，体验创造的神奇；

3. 激发创造欲望，进行创造力训练，尝试用不同的探究方式进行创造性活动。

【课时安排】1 课时

【活动准备】PPT、 A4 纸、 剪刀、 背景音乐、 绘本、 视频、 故事素材

【活动过程】

一、导入环节

在我们身体里，蕴藏着一股神奇的力量，它能上天入地、能跨越时空、能把不可能变为可能，“magic magic magic~”这个神奇的魔法是什么呢?

师：创造力。正是因为有创造力，人类才有了电、有了汽车、有了飞船、能去太空遨游，可以说，人类用这个神奇的魔法一步步创造了我们的世界。

二、感受创造力

师：接下来，就让我们来到神奇魔法体验馆，一同来挑战各式各样奇奇怪怪的

任务，慢慢去发现这股神奇的力量，让它变变变，看看会发生什么吧。

· 挑战 1：

一张 A4 纸，对折一下，从中间剪下一个小长方形。提问：谁可以从这个长方形中穿过去呢？

每组发一张纸、一把剪刀。老师边演示边提问，学生思考、讨论，小组派代表发言，回答时要讲清楚方法。最后，老师呈现具体解决过程，并让回答不可能的学生，从长方形中间穿过。

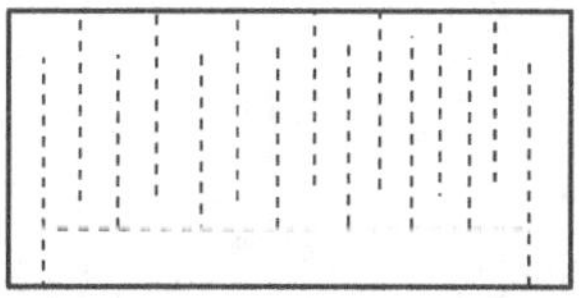

老师提问：为什么刚开始的时候你会认为不可能呢？

学生思考，发表意见。

活动小结：刚开始的时候，同学们会认为不可能是因为根据一般的常规来说，这么小的一个洞，人怎么穿得过去呢？其实在日常的生活中，我们也常常是这样的受到各种各样的常规所限制，认为很多事情是不可能做到的，事实上是，只要我们能够大胆打破常规，突破思维定势，任何的事情都是有可能的。接下来，我们再来试试吧！

· 挑战 2：

用这 5 个图形，摆出一个十字

用这5个图形，
摆出一个十字。

答案：

·挑战3：故事接力——猜猜发生了什么?

给到一个绘本故事的封面及开头，请各小组的同学们在小组内以接力的方式轮流来创编接下来的故事发生情景，故事越流畅越新奇越有感染力就越好，最后由各小组派一位代表上来讲述本小组创编的故事，别忘了给故事拟一个名字，有条件的小组也可以把一连串的故事情节简要画下来!

(绘本参考:《我来啦》[法]埃尔维·杜莱)

播放背景音乐，小组展开交流。时间到，各组派代表上台描述故事。可以请各小组派同学来点评哪个故事更精彩，精彩在哪里。最后，老师可以呈现出原绘本故事。

小结：三轮挑战下来，同学们都有投入到积极的想象和解决问题中，那大家有没有发挥创造力需要具备哪些要素呢?

学生思考回答。

师：1. 变通性，需要摆脱定式思维，换不同的角度去思考，要注意培养我们的逆向和多向思维；2. 有独创性，学会善用一切已知信息，发展出新颖、独特的内容。

三、创造力在日常生活中的迁移

实际上，创造力不仅仅是天马行空的遐想，它与我们的现实生活也是密切相关。它可以运用于生活的方方面面，譬如：

1. 艺术创作

如：树叶创作等

2. 建筑设计

案例：深圳万科总部——“漂浮的地平线，躺着的摩天楼”

设计思路独特：考虑到美观、独特、通风防晒、绿色生态环保等

3. 科技小发明

如：各省市区的科技发明创造，校园科技节上的各类学生作品

4. 广告创意

如：经典汽车创意广告 HONDA

5. 生活小窍门

如：闲置物品再利用

6. 商业盈利

案例：日本最大的化妆品公司资生堂收到客户投诉：买来的香皂，打开盒子里面是空的。为预防此类事情再发生，该公司投入了大量的人力、物力研发出了一台X射线监视器去透视每盒刚刚生产出来的香皂盒。同样的问题也发生在另一家小公司，他们的解决方案是：买一台强力工业用电扇，放在输送机末端，去吹每个香皂盒。

7. 自我保护

参见电影《小鬼当家》片段

8. 学习问题的解决

如：疑难数学问题

9. ……

四、结束阶段：

总结：创造产生美，创造力也是生产力。它不仅仅属于伟人、科学家、发明家，它也属于普通人，我们在座的各位都拥有这样的神奇魔力，只要我们善用我们的智慧，善于思考，热爱创造，我们也能改变我们的世界。没有做不到，只有想不到！

课后拓展：游戏设计 PK 赛

假如现在学校购买校外服务，想要招标一家活动策划公司，负责学校一场大型学生户外团队游戏活动的策划和组织，要求前来竞标的活动策划公司先给出一个提案(case)。如果你们小组是其中一家策划公司，你会给出怎样的策划案？要求：针对小学 3~6 年级的学生团队，要有新意、有趣味性、利于团队打造。

（设计：张微微　黄佩珊）

1.4 箱子里的秘密宝贝

【活动名称】箱子里的秘密宝贝

【培养品质】好奇心

【活动对象】中年级学生

【学情分析】

小学中年级是低年级向高年级转折的过渡时期，在本阶段的学生有着强烈的好奇心。他们爱提问，对各种事情都很感兴趣，对事情的来龙去脉感到好奇。总想知道更多，对许多事情，总是有许多的疑问，对不熟悉的人、地方或事物总是感到好奇。心理学认为：好奇心是个体遇到新奇事物或处在新的外界条件下所产生的注意、操作、提问的心理倾向。好奇心是个体学习的内在动机之一，个体寻求知识的动力，是创造性人才的主要特征。由此可见，保护学生的好奇心，并引导学生恰当地保持对新事物的好奇与探索是有利的。为了引导学生“好奇心”的积极心理品质，特设计本节课程。

【课堂类型】心理活动课

【活动目标】

1. 通过课程探索，鼓励学生希望知道、了解更多的事物的好奇品质；

2. 支持学生寻求新奇，对事物敏感也非常愿意接受新事物，同时意识到好奇心并不是可以任性发挥的。

【活动重点】

支持学生寻求新奇，通过探索感受好奇品质的重要性。

【活动难点】

能够辨别好奇心应发挥在哪些方面才是合适的。

【课时安排】1 课时

【活动准备】

多媒体、装有毛绒电动玩具的箱子、“好奇的乔治”电影片段。

【活动过程】

一、导入：箱子里的秘密宝贝(5分钟)

1. 教师制造神秘气氛："同学们，老师今天给大家带来了一个宝贝，就在这个箱子里，它会动，它对喜欢的人会温柔对待，对不喜欢的人嘛，会不理不睬，甚至很凶狠哦！你们想不想知道它是什么?"(几乎全班都会回答"想")"好！下面我允许你们问我五个问题，对于你们问的问题，我只能回答'是'或'不是'，提问结束后，能说出它是什么的同学，就可以得到一份礼物！"(教师故弄玄虚的语气，会使大部分学生兴奋起来)

2. 学生提问，教师只回答"是"或"不是"，五个问题结束后，询问是否有猜中物品的学生，一般情况下，学生无法猜出，此时将本疑问留待到后面再解决。如遇到小概率事件，学生猜出了谜底，则将该玩具作为礼物送给学生。

3. 揭示"好奇心"概念：即同学们对于箱中秘密探寻过程的心理。(结合本阶段学生的表现进行介绍)

二、展开：了解好奇心(12分钟)

1. 播放电影《好奇的乔治》中小猴子乔治第一次来到人类聚居的大城市的片段，结合播放内容进行介绍。乔治第一次来到新奇的花花世界，它对一切都充满了好奇心，迫不及待感受每个新奇的事物，结果却接二连三地闯下祸事……

2. 教师提问：有好奇心，好还是不好?

3. 学生分两大组进行辩论，形成意见并分享，教师分类、归纳、板书。

三、深入：揭秘好奇心(18分钟)

1. 学生分组讨论在不同的情境下的"好奇心"是否合适，如果不合适，那应该如何改进?(每组讨论一种情境)

(1)小王听老师讲了八大行星的知识后到图书馆查找八大行星的资料……

(2)小明乘坐飞机时，看到安全手册介绍座椅下有救生衣，他很好奇，于是把救生衣拿出打开来试穿……

(3)小张是男生，他有些好奇女生厕所与男生厕所有什么不同，于是放学后他跑到女生厕所里……

(4)小清看到“21天习惯养成法”，她决定接下来的21天，每天6点半早起阅读，看看是否真的能养成习惯……

(5)小李课间看到同桌小丽的日记本放在桌上，小丽到老师办公室去了，小李很好奇小丽的日记写了什么，于是他翻开了小丽的日记本……

2. 小组代表分享观点，教师引导。

3. 教师小结：好奇心是保持学习的一种动力，但并不是无边界的，我们应该懂得不触碰别人的隐私，不做违规违法的事。要满足好奇心，我们可以寻找适合的途径。

四、总结：揭晓秘密宝贝(5分钟)

1. 如在第一阶段箱子里的物品未揭晓，可在本环节揭晓物品，教师结合箱子的例子进行总结，希望学生抱有好奇心，增添生活乐趣，勇于求知，实现进步。

2. 如在第一阶段箱子里的物品已揭晓，则本环节可将学生讨论的成果整理成关键词汇，帮助学生进一步的理解与消化。

(设计：林映)

1.5 水往低处流，对吗？

【活动名称】水往低处流，对吗？

【培养品质】好奇心

【活动对象】低年级学生

【学情分析】

一年级学生对世界充满好奇心，在这个年龄阶段的孩子，喜欢提问。可是在日常的教育中，我们容易让孩子有定势的思维，缺少探究精神。因此，我们需要在孩子充满好奇心的这个阶段，有意识地播下一些种子，让孩子对世界充满好奇，让孩子拥有创新的思维方式，让孩子学会质疑求真。因此，对学生进行有针对性的训练就显得尤为重要。这对学生他们的生活、学习及综合素质的培养和提高都具有重要的作用和意义。

【课堂类型】心理活动课

【活动目标】

1. 通过活动，使学生了解水不一定是都往低处流，让孩子学会观察生活，对生活的现象学会提出质疑。

2. 通过动手制作的过程，帮助学生在实践中摒除固定思维，开拓思维，积极创新，大胆表现，教育学生对任何事物都无偏见。

3. 在活动中培养学生学会提问，培养爱探究的好习惯，培养孩子对事物感兴趣，具有开放的好奇心，促进学生良好个性的发展。

【课时安排】1 课时

【活动准备】

教具准备：多媒体教学课件、背景音乐和科学视频、实验道具。

学生准备：课前请孩子准备发明创造小故事，特别是每一年学校科技节的科技小作品。

【活动过程】

(一)活动导入(5分钟)

1. 看一看：老师打开课件，课件展示雨水、瀑布、水龙头、溪水等图片，请小朋友观察水流方向，总结规律，水往高处/低处流。

2. 议一议：有没有可能水不往低处流呢？(老师提问，学生讨论)

(二)实验验证(10分钟)

1. 做一做：亲子活动，共做实验。

老师引导学生及家长一起做实验观察。

实验步骤：

(1)孩子往瓶子里倒满水，把塑料纸放在瓶盖上。

(2)家长用手掌盖住瓶口，把瓶身倒转过来，把手移开。

(3)请孩子观察会发生什么现象。

2. 想一想：水怎么不往低处流？

教师启发：是什么东西阻止了水不往低处流，除了看得到的纸片，还有一样看不到摸不着的东西，小朋友们知道是什么吗？(空气)

学生讨论，老师解释原理：塑料纸挡住了空气，不让空气进入瓶子。这样，外面的大气压力就可以防止水从瓶子里流出。

(3)观看水往高处流小发明，看完请孩子谈感受。(5分钟)

学生和老师一起观看实验，看完后小组讨论，再请学生自由发言。

(四)展示交流(10分钟)

1. 分小组，请学生上台讲故事：列举国内外、深圳市孩子一些酷炫的发明创造，特别是在我们学校科技节上看到的科技作品。

2. 教师补充：深圳小学生捧回国际发明金奖和“最小发明家”的故事激励孩子。

故事一：深圳小学生捧回国际发明金奖

2016年5月，第12届中国青少年创造力大赛暨第68届德国纽伦堡国际发明展中国区选拔赛中，深圳小学生陈颖臻的“磁悬浮地震报警器”以科学性、创造性、实用性和艺术性以高分在综合评比中脱颖而出，获得此次比赛最高金奖“钟南山创新奖”，同时入选中国代表队，受邀参加德国纽伦堡国际发明展。

陈颖臻表示，这一发明萌芽于自己的观察和思考。由于年龄尚小，2008 年的汶川地震给陈颖臻的印象并不深刻，但是，每年纪念日这一天，他总会从父母或者老师以及新闻媒体中获得碎片式的信息。当他了解了地震的真实情况后，小小的脑袋中逐渐诞生了一个想法，能否发明一种地震报警器，提前预知地震信息，以便给人们预留出更充裕的时间逃生。“没有做不到，只有想不到”，陈颖臻始终没有忘记自己的思考，在覃宝学教练及老师们的指导下，他的创意逐渐完善并变成了现实，最终，“磁悬浮地震报警器”诞生了。

故事二：5 岁男童成英“最小发明家”

5 岁时灵机一动搞发明：萨姆想出“双头扫帚”的创意时，年纪仅有 5 岁。一次萨姆在看父亲拿扫帚打扫后花园，他看到父亲马克总是不停地交替使用两把扫帚，用一把粗糙的大扫帚来扫树叶或枝条，用一把精细的小扫帚来清扫更细小的灰尘。

萨姆非常爱看英国电视剧《巴拉莫里》，他受到电视剧中的发明家沃利斯和格罗米特的启发，立即想出了一个让父亲不用频频更换扫帚的创意。他从花园工棚中拿来一根弹性带，将两把扫帚捆绑了起来，做成了一把“双头扫帚”，改良后的扫帚两个扫帚头一前一后靠在一起，这样他父亲扫地时就再也不需要频频更换扫帚了。成功申请到专利权的萨姆也成了英国最小的发明家。

(五)总结如何成为小发明家：(5 分钟)

古代有四大发明，现代中国的发明创新之路由我们开创，那么要怎么成为小发明家呢？教师引导学生发言、总结。

多观察，多走进大自然；多思考，多问为什么；多尝试，多想怎么做；多学习，多挑战；多……

同时通过儿歌的朗读，潜移默化地传递知识。

(六)争当小发明家(5 分钟)

和同学们介绍我校一年一度的科技节，并展示一些发明心愿单，请学生写出自己的小发明心愿单，大声说出发明心愿并把心愿贴到心愿树上，绘制班级心愿树。

教师告诉同学们，可以在课余时间，尝试去实现自己的发明小心愿，在下一年的科技节上拿去参赛，期待孩子们的科技作品。

（设计：郭林丹　吴晓敏）

1.6 书中寻宝

【活动名称】书中寻宝

【培养品质】热爱学习

【活动对象】中年级学生

【学情分析】

小学中年级是低年级向高年级转折的重要时期，在本阶段无论是良好习惯的养成，还是个性特征的培养，都是非常重要的。在这个阶段，学生开始了解学习的社会意义，容易出现对感兴趣的学科倾斜的现象。为了引导学生“热爱学习”的积极心理品质，特设计本节课程。

【课堂类型】心理活动课

【活动目标】

1. 了解到学习无止境，在日常生活中处处是学习的机会；

2. 体验从学校图书馆抓取信息、汇总资料，同时练习小组合作，感受到学习的乐趣，从而喜爱学习。

【活动重点】

了解到学习无止境，日常生活中处处是学习的机会。

【活动难点】

从本次活动感受到的学习乐趣迁移到其他学习活动中。

【课时安排】1 课时

【活动准备】

学校图书馆、任务单、空白大纸及画笔。

【活动过程】

一、活动导入：抱团分组，建立规则(5 分钟)

1. 全班在图书馆外的空地集合，根据教师的口令进行抱团游戏：当教师喊出某个数字的时候，相应的人数围成一圈为完成任务。游戏进行三轮，分别为 3、2、5，最后一次为 5 人抱团，教师宣布这就是本次活动的分组。

2. 教师宣布活动规则：

(1) 每个小组选出一名组长，负责活动的组织工作；

(2) 每个小组领取一份任务单及空白纸，小组应团结协作完成任务单上的任务；

(3) 本次活动根据小组合作的团结度、用时的长短、完成质量的高低来评选优秀小组。

二、活动实施："书中寻宝"大挑战(25 分钟)

注：教师在第一阶段发放的任务单为挑战一的题目，要求学生每完成一道题后向老师索取下一题，题目共 4 道，分 4 次发放，学生完成任务均填写在同一张白纸上。

挑战一：完成任务单上的第一题"古诗挑战"，在空白纸上填写信息。

第一题：同学们，三年级第一学期我们学过了古诗《九月九日忆山东兄弟》，这首诗一共有四句，请你们回忆，并把每一句的最后一个字写出来，再将这四个字的笔画数相加，你们得到的数字是 A。这是一个两位数，请你们把个位和十位两个数字相乘，你们得到的数字是 B。

完成挑战一：请你们在图书馆按顺序数到第 B 排书架，选出你们最喜欢的三本书，把书名、作者、出版社及价格在空白纸上记录下来。

挑战二：完成任务单上的第二题"作者挑战"，在空白纸上填写信息。

第二题：同学们，古诗《九月九日忆山东兄弟》的作者是谁呢？请你们在图书馆里找出与该作者相同姓氏的作者的三本书，把书名、作者、出版社及价格在空白纸上记录下来。

挑战三：完成任务单上的第三题"数字挑战"，在空白纸上填写信息。

第三题：同学们，假如我们想把这六本书借回家，图书馆的老师要求我们要填报所借书目的价格总额，那应该是多少呢？请在空白纸上计算出来。

挑战四：完成任务单上的第四题"总结挑战"，在空白纸上填写信息。

第四题：同学们，恭喜你们完成了图书馆的挑战任务，现在，你们要迎来最后一个挑战了。今天你们小组挑战的每一个环节都考验着你们的团结、冷静、认真，最重要的是平时学习的积累。现在，请你们讨论：今天的图书馆挑战活动，都用到了你们的哪些能力呢？这些能力又是如何获得呢？请你们把讨论结果画成思维导图，向班上的其他同学介绍介绍吧。

二、活动总结：展现小组学习成果(10分钟)

1. 每个组长在台上展现本小组的人海报(包括图书馆挑战填写的相应信息及最后的思维导图)；

2. 教师小结：项目完成考验的是综合能力，能力的获取通过学习，而学习无处不在(可揭示将活动定在图书馆的原因是让大家发现图书馆是一个充满无限宝藏的地方，欢迎大家多到图书馆阅读)。

3. 将各组海报展示在班级海报栏，课后同学们可自由浏览关于能力获得的讨论。

四、附录：挑战题目答案

第一题：同学们，三年级第一学期我们学过了古诗《九月九日忆山东兄弟》。

答：诗文如下

独在异乡为异客，每逢佳节倍思亲。遥知兄弟登高处，遍插茱萸少一人。

这首诗一共有四句，请你们回忆，并把每一句的最后一个字写出来，再将这四个字的笔画数相加，你们得到的数字是A。这是一个两位数，请你们把个位和十位两个数字相乘，你们得到的数字是B。

答：四个字分别是客、亲、处、人，A=25，B=10。

完成挑战一：请你们在图书馆按顺序数到第B排书架，选出你们最喜欢的二本书，把书名、作者、出版社及价格在空白纸上记录下来。

答：即到第10排书架选书，书为学生自选，无答案。

第二题：同学们，古诗《九月九日忆山东兄弟》的作者是谁呢？请你们在图书馆里找出与该作者相同姓氏的作者的三本书，把书名、作者、出版社及价格在空白纸上记录下来。

答：作者王维，即在全馆找出三本王姓作者的书籍，书为学生自选，无答案。

第三题：同学们，假如我们想把这六本书借回家，图书馆的老师要求我们要填报所借书目的价格总额，那应该是多少呢？请在空白纸上计算出来。

答：书为学生自选，根据所登记的价格做加法计算。

第四题：同学们，恭喜你们完成了图书馆的挑战任务，现在，你们要迎来最后一个挑战了。今天你们小组挑战的每一个环节都考验着你们的团结、冷静、认真，最重要的是平时学习的积累。现在，请你们讨论：今天的图书馆挑战活动，都用到了你们的哪些能力呢？这些能力又是如何获得呢？请你们把讨论结果画成思维导图，向班上的其他同学介绍介绍吧。

答：主观题，无答案。

（设计：林映）

1.7 竹子开花节节高

【活动名称】竹子开花节节高

【培养品质】热爱学习

【活动对象】高年级学生

【学情分析】

六年级的学生生理机能正处在儿童向少年的过渡时期，正处于由童声向成年变声的过渡期。由于获得知识和信息的途径增多，参与意识和竞争意识也在逐步增强，而心理上又处于一种半成熟、半幼稚的矛盾状态，在行为上往往是独立性与依赖性同在、自觉性与盲目性并存。因此，在课程学习中，我们要注重培养学生热爱学习、喜爱学习的积极心理品质，激发学生获取知识的主动性和自觉性。

【课程类型】心理活动课

【活动目标】

1. 通过“我的小竹子”探究活动，使学生了解自己的知识领域的组成以及擅长的方面，拓展对学习知识广度和深度的认识。

2. 通过“土壤球”和“除虫行动”活动，交流获取知识的途径和方法，善于从报刊、电视、网络等媒体上获取信息，激发学生获取知识的主动性和自觉性。

3. 在活动中培养学生学会学习、欣赏学习方法的态度，促进学生合作、沟通及自主思考的良好个性发展。

【课时安排】1 课时

【活动准备】

多媒体教学课件、背景音乐、大白纸、便签纸、固体胶。

【活动过程】

(一)活动导入(5 分钟)

1. 班级成员围成一圈，每个人坐在一个座位上。

2. 教师开始说“西伯利亚的大风吹啊吹”，所有人回应“吹什么”，教师说一部分学生具备的特征，比如说“吹所有戴眼镜的人”。

3. 指令发出后，所有被吹到的人，即拥有这些特征的学生需要互换位置，没有被吹到的则待在原位置，同时教师加入占一个位置。

4. 没有占到位置的同学设置下一轮的题目，活动继续。

5. 最后一个问题是“吹所有爱学习的人”，采访学生他们理解的学习是什么，以此导入课程。

(二)团队活动

活动一：我的小竹子(15分钟)

教师：同学们，现在我们已经六年级了，其实，早在我们很小的时候，我们每个人就栽下了一棵小小的竹子，这棵竹子成长需要的养分就是从我们每天的学习中而来。回顾这几年的小学时光，你的“小竹子”它长的怎么样了呢？你都给它浇灌了哪些营养物质呢，请大家制作一棵自己的“小竹子”。

活动内容：

(1)每个小组分发一张大白纸，在纸上画一棵竹子的轮廓。

(2)每个学生在这个竹子图上，画出自己擅长的知识领域作为小竹子成长的关节。

(3)小组成员依次向其他成员介绍自己的“小竹子”的组成。

(4)小组派代表向全班同学介绍和展示自己的图片，归纳本组同学的知识领域。

(5)教师总结。

活动二：我的“土壤球”(10分钟)

教师：竹子的成长依赖于肥沃的土壤，而这个土壤就代表大家学习知识的途径和方法，那么，你们的土壤又从何而来呢？我们如何让自己的土壤更加肥沃呢？

活动内容：

(1)请每个同学在便签纸上分别写出自己平时获得知识的途径和方法。

(2)小组成员依次向其他队员介绍自己的“土壤球”。

(3)小组归纳本组成员获得知识的途径和方法。

(4)教师总结。

活动三：除虫行动(5 分钟)

教师：通过前面的两个活动，不少同学发现了自己在种植竹子的过程中存在一些不足之处，其实，改进自己的不足之处，就是在给我们的竹子除虫，为的是让它长的更加茂盛。

(1)制订自己的“除虫计划”。

(2)小组成员互相交流，将计划贴在白纸合适位置处。

(3)班级展示每个小组竹子树的制作成果。

(三)活动总结(5 分钟)

1. 学生谈收获。

2. 教师总结。

(设计：刘思亚)

1.8 1个苹果也是100个苹果

【活动名称】1个苹果也是100个苹果

【培养品质】开放思想

【活动对象】中年级学生

【学情分析】

四年级是儿童成长的一个关键期。四年级在小学教育中正好处在从低年级向中年级的过渡期，这时候的四年级开始转变思想方法，从过去笼统的印象转变为具体的分析，偏重对自己喜欢的事物进行分析。四年级孩子开始从被动的学习主体向主动的学习主体转变，以前是被动接受外界的知识，现在逐渐会做出自己独立的判断，但因自身发展的局限性，这种判断往往还不够客观，因此这个时期的引导非常关键，引导学生多角度、多层次考虑问题，彻底地考虑事物并从各个角度来检验问题，避免草率下结论。

【课堂类型】心理活动课

【活动目标】

1. 培养学生多角度、多层次考虑问题；

2. 学会慎重考虑每个问题的所有因素，并依靠证据做出独立的判断。

【课时安排】1课时

【活动准备】

1. 绘本《1个苹果也是100个苹果》或课件；

2. 视频《这个世界总有人在偷偷爱着你》。

【活动过程】

（一）导入活动：我的苹果大畅想（5分钟）

1. 看绘本封面（一个箱子上放着一个大苹果），你看到了什么？想到了什么？把你所看、所想的跟大家分享；

2. 听完同学们的分享后，引导同学们谈谈感受；

3. 引出绘本故事《1个苹果也是100个苹果》。

(二)绘本分享：1个苹果也是100个苹果(10分钟)

临街的马路上，水果店前的箱子上放着一个诱人的大苹果。这枚苹果引来了无数路人的遐想。

(故事分享过程中，每出现一个路人，先引导同学们思考，他会想到什么？同学们回答以后再展示最终的故事结果，鼓励同学们有不同的想法。)

急匆匆的上班族看到这枚苹果想起了小时候去郊游的美好情景；务农的看到这枚苹果引发了讨论：只有好地才能种出这么好的苹果啊；画家看到了苹果颜色的漂亮和丰富；水果店的老板看到苹果开始思考起如何才能更好地去销售；医生路过看到苹果马上想起苹果丰富的营养；作曲家看到苹果马上开始酝酿写一首关于苹果的歌曲；数学老师看到苹果马上开始思索如何把苹果放入到她要给孩子们出的数学题里；浑身是伤的人看到如此美艳的苹果，不知道引发了什么心酸的回忆，眼泪刷刷往下掉；木匠看到苹果想到的是这个水果店太寒酸了，门店需要装修…….

同样的苹果在不同的人眼中却是不一样的。本来是一个苹果，在100个人眼中也就变成了一百个苹果。

教师小结：同样的事物，不同的人所看、所想不一样，接受世界的多样性。

(三)展示双歧图：换个角度看世界(10分钟)

1. 同样的事物，不同的人所看、所想不一样，那同样的人所看、所想就一样吗？

2. 展示一组双歧图，问同学们看到了什么？换个角度呢？

3. 小结：同样的事物，同样的人，不同的角度看到的不一样，我们应该多尝试

换个角度看待周围的人、事、物。

（四）活动升华：这个世界总有人在偷偷爱着你（15分钟）

1. 播放视频《总有人偷偷爱着你》前半段

内容简介：

工作一天疲惫的女孩打算在报亭买一本杂志，老板却说要留给自己的女儿不卖，还赶她走……着急开车赶着见客户的白领却被交警拦下……急着送餐的外卖小哥，好不容易挤电梯，电梯却显示超重，周围人用异样的眼光看着他……凌晨走在大雪中难过喝酒的女人，却被人拿来拍照当笑柄传播……收破烂的老大爷，划到别人车被刁难……似乎每个人都不被理解，不被包容。

提问：你看到了什么？想到了什么？

2. 播放视频后半段

内容简介：

报亭的大爷看到女孩被小偷盯上，才故意用“委婉”的方式赶女孩走；

交警把开车的男人拦下来，是因为想把他车上没关上的油箱盖弄好；

不被温柔对待的外卖员，在最后一刻被人温柔对待；

偷拍路人的年轻男人，因为担心醉酒的女人，才拍下照片找来警察；

被划坏车的光头大哥，最后用“暴力”的方式扯平，没有让老大爷赔钱。

提问：现在，你看到了什么？想到了什么？

3. 小结：只看一面，很可能就看不到事情的真相，多角度、全面地看问题才能看到事情的真相，才能做出正确的判断。（还可根据同学们的回答进行真善美的世界观教育）

（五）课外延伸与总结（5分钟）

1. 请同学们谈谈今天所学对平时的生活、学习的启示；

2. 教师结合同学们所谈进行总结：凡事多角度思考，我们的判断才会接近真相。

（设计：舒清燕）

1.9 心灵的窗户

【活动名称】心灵的窗户

【培养品质】洞察力

【活动对象】中年级学生

【学情分析】

观察是认识世界、探索世界的基础。三年级学生对于新奇的事物有着强烈的好奇和探求欲，但由于注意力的不稳定性等因素，他们对事物的观察仅停留在表象上，不能挖掘出事物的本质特征和深层内涵，而且容易对一些看似平常的小事视而不见。本课针对以上这些特点，帮助学生体会观察的乐趣，了解和掌握科学的观察方法，进而培养学生的洞察力。

【课堂类型】班会活动课

【活动目标】

1. 使学生明白观察是认识世界的基础，激发他们有意识地去观察各种现象的兴趣。

2. 初步懂得观察要全面、仔细、多角度的道理。

3. 让学生了解自己的观察能力，培养洞察力。

4. 在活动中培养学生学会观察、从细微的小事观察起。帮助学生体会观察的乐趣。

【课时安排】1 课时

【活动准备】

多媒体教学课件、墨盒、观察能力测试题、小星星贴纸。

【活动过程】

（一）活动导入（5 分钟）

1. 导语：

主持人 A：《西游记》里的美猴王孙悟空有一双火眼金睛，什么都瞒不过他的双眼。当然，那是神话。但是一个人的眼力却是可以锻炼出来的，今天，我们就来练练自己的观察力。

主持人 B：播放录像《培养孩子想象力和观察力》，

通过观看白亮亮同学写观察作文的故事，大家想一想：

（1）提高我们的观察力对我们的学习有什么帮助？（指名回答。）

（2）观察时要注意什么问题？（教师引导学生说出观察时要认真细致、全面概括、按一定的顺序。）

2. 初测学生自己的观察能力。

（1）初试方式：教师给学生做一个有趣的游戏。

（2）游戏方式：老师在讲台上准备一只墨盒，让其他学生每人也准备一只墨盒，然后要求同学们注意观察老师的一举一动并尽量进行模仿，看谁模仿得最正确。

老师用食指蘸上墨给学生看一下，然后快速把中指按在脸上，要求其他学生也照着老师的样子去做。当学生们把手指按在脸上后，老师又低下头快速重复了三次上述的动作。

（3）游戏结果：示范的老师脸上一点墨迹也没有，预计部分学生脸上也没有墨迹，而大部分学生脸上都按上了黑指印。

（4）测试结果：脸上一点墨水也没有的学生说明观察最细致，脸上按了黑指印的学生说明观察就不够细致了。

（5）主持人 B 小结：老师在按脸的时候，已将有墨的食指换成了干净的中指。脸上按上黑印的同学正是由于观察不细致，只注意到老师按脸的大动作，而没有看到换指的小动作。有些同学途中发现，为时以晚，脸上已经按上黑印了，而脸上没有按黑印的同学观察就比较细致。他们不仅认真看，而且注意到了老师的每一个细小动作，这才是正确的观察方法。

（二）观察力大比拼，学习观察的方法（20 分钟）

主持人 A：洞察力就是透过现象看本质，观察是一种能力，就是观察力。下面，我们要分组进行一次观察力大比拼（出示课件）。你们有信心获胜吗？

主持人 B（宣布比赛规则）：规则明白了吧？我们可以开始了吗？

主持人 A：请同学们仔细观察这幅图，数数树上有多少个人头？把答案写在纸上。

(小组讨论，学生很兴奋，有的还跑出位子指手画脚一番。)交流。

组1：9个。

组2、3、4：10个。

(师生共同找，一共找到10个人头。)

主持人B：通过观察刚才的图片，你觉得观察的时候要注意什么？

(主持人A板书：仔细)(奖励发现10个人头的2、3、4组各一颗小星星。)

主持人B：(出示第2幅图)：这是什么？请把你看到的图形名称写在纸上。

(小组讨论，再交流。)

组1：奖杯或者国际象棋的棋子。

组2：天平。我们是横看的。

组3：花瓶。

组4：如果看白的部分是两个相对的人头；如果看黑色的部分是一只杯子。

主持人A：你们小组观察得很全面，从不同角度来观察这幅图，你们的发现也与众不同。真棒！这颗亮眼睛星星属于你们！

主持人B：那么观察了这幅图，你觉得观察时要注意什么呢？(主持人A板书：多角度)

［当学生出现各种不同答案时，教师并没有生硬地给予否定，既保护了学生的思维的积极性，也保护了学生思维的创造性，创设并维护了轻松和谐的课堂氛围，让学生在课堂上敢说、爱说。］

主持人B(出示第3幅图)请同学们仔细观察这幅图，你有几处特别的发现？

(各组讨论写答案、交流。)

组1：我们发现了老人、抱小孩的女人、狗、鸟。

组2：我们还发现了几个人头，就在鸟的旁边。

组3：狗的图形也可以看成一只手。

组4：这幅图既可以看成是老人与女人图，也可以看成是一幅古老城门的风景图。

主持人A：通过观察这幅图，你有什么体会呢？

生1：我觉得观察一定要仔细，要从不同角度去观察。

生 2：我体会到我们不能只看图画的中心部分，也要观察图画的背景。

主持人 B：同学们个个都很厉害，运用前面我们学到的观察方法，全面地观察了这幅图，从中有这么多特别的发现。真了不起呀！你们的眼睛都很亮！（主持人 A 板书：全面）（奖励每组一颗小星星。）

［经过前面三幅图的铺垫，学生观察这幅图，已经能仔细地从多个角度去观察，结果发现了许多处隐藏的秘密。此时教师要给予及时的肯定，语言激励与“小星星”的奖励，让每一个学生都体验到了成功的乐趣。］

主持人 A：通过刚才的活动，我们知道了观察的时候要注意：仔细、全面、多角度。下面让我们把这些方法用到学习中去。

（出示课件：算出得数：(98+76−54+83−12+5643)×(7961−7961)= ?）

主持人 B：请各组快速写出答案。

（按各组答题情况排出先后，按先后顺序说答案，各组答案都为“0”。）

主持人 A：我想采访一下答题最快的小组，请他们说说自己取胜的方法。

生：我看到题目后，不是马上一步一步地进行计算，而是先把整道题目观察了一遍，我发现后面的小括号里是(7961−7961)，等于 0，任何数乘 0 都为 0，所以我很快就算出答案是 0 了。

主持人 B：奖励“小星星”。

主持人 A：（鼓掌）：祝贺你通过仔细的观察，发现了题目中的奥秘，为小组赢得一枚“小星星”。（B 奖励“小星星”。）

［主持人 A. B：学习中的仔细审题也是一种观察，仔细观察对我们的学习也有帮助。］

主持人 A. B：所有的比赛都结束了，让我们数数自己得到的小星星。用最热烈的掌声向获胜的小组表示祝贺！

（三）填写计划书（8 分钟）。

计划书

这节课我收获了________。

这说明我观察________。

我承诺：

从现在开始，我要克服观察________的毛病。

我的计划：

1. ____。

2. ____。

3. ____。

需要的支持：____。

我将以______________________祝贺我的成功。

签名：__________。日期：__________。证明人：__________。

（填完此表，学生大声读。）

（四）活动总结（7分钟）

1. 小老师请学生观察员做简单的小结。

2. 老师总结：

师：同学们，洞察力就是透过现象看本质，洞察力是多方面的，需要从细微的小事观察起。学习需要观察，生活需要观察，科学发明创造需要观察，文学艺术创作也需要观察。观察无处不在，只要认真观察，处处留心身边的事物，我们心灵的窗户才会更加明亮！

（设计：田巧凤）

第二章

勇　　气

2.1　同桌的你

【活动名称】同桌的你

【培养品质】真诚

【活动对象】中年级学生

【学情分析】

小学中年级的学生对本班同学有一定的了解，自我意识感较强，在日常活动中师生互相配合默契。但学生年龄较小，自主性较弱，在与人交往时可能会存在不真诚的表现，因此，班主任对学生进行有针对性的训练就显得尤为重要。通过活动培养学生真诚待人的品质，对学生的生活、学习及综合素养的提升都具有重要的作用和意义。

【课堂类型】班会活动课

【活动目标】

1. 通过活动，加深学生与同学、老师之间的了解，培养学生悦纳自己、欣赏他人的态度。

2. 使学生学会真诚地与人交往，促进学生良好个性的发展。

【课时安排】1 课时

【活动准备】

多媒体教学课件、背景音乐、47 张纸张(书写对班主任/同桌的评价)、铅笔等。

【活动过程】

(一)活动导入(5分钟)

1. 说一说：同学们，你们对同桌和老师都了解多少呢？

2. 找一找：在课堂以及下课时候我们最好的同学是谁呢？

3. 议一议：在我们学习生涯中谁帮我们最多呢？我们应该如何坦诚的与同学们沟通？(学生讨论，教师提问)

4. 教师小结：班级、学校是我们的第二个家，除了外面的朋友，我们在学校也有自己的同学/老师，他们都是我们重要的人，我们通过与他人真诚的沟通、交流帮助我们健康、快乐的成长。

(二)你眼中的我(18分钟)

1. 填写纸张：同桌二人相互填写对对方的了解(5分钟)

注意事项：

(1)请同学们认真填写，不乱写。

(2)对同桌的评价要真实。

2. 相互分享：同桌二人相互分享写的关于对方的印象

注意事项：

(1)请同学们注意言辞。

(2)真诚地跟同桌分享自己看法。

3. 班级展示：教师随机请2~3对同桌分享相互的看法

(教师真诚的与学生们沟通，并且真实的把学生写的内容读出来)

(三)我眼中的老师(10分钟)

1. 同桌二人为一组，讨论对老师的评价是怎样的？

2. 老师与学生一起总结学生对老师的真实评价，写在黑板上。

(四)活动总结(7分钟)

1. 老师查看完大部分的纸张调查后，再次做简单的小结。

2. 老师总结：今天，我们不但了解了同桌的性格特点，更了解了老师的性格以及各方面的特点，更重要的是，我们在一个班级里，学会了真诚对待身边的每一位朋友，而且我们还学会了包容以及学会了如何去看待事情的正确性，还学会了真诚对待我们的老师以及学生。

（设计：许顺）

2.2　做一个真正的勇者

【活动名称】做一个真正的勇者

【培养品质】勇敢

【活动对象】低年级学生

【学情分析】

小学一二年级的学生不了解勇敢的真正内涵，在面对困难时，他们往往会感到害怕和恐惧，不敢面对，不敢挑战，或者将勇敢简单地诠释为勇于做一切的事。因此，对学生进行正确的引导就显得至关重要，对学生的积极心理品质的培养具有重要意义。

【课堂类型】班会活动课

【活动目标】

1. 通过活动，帮助学生正确认识勇敢、理解勇敢的真正内涵，引导学生勇于面对挑战，遇事不退缩，敢于做正确的事，培养坚定的意志。

2. 在活动中培养学生不怕困难、勇于挑战的阳光心态。让学生在尝试体验中学会坚忍、镇定地应对挑战、困难，形成积极勇敢的心理品质。

【课时安排】1 课时

【活动准备】

多媒体教学课件、黑箱子、视频、小玩具、文具、计时器、音频。

【活动过程】

（一）活动导入（5 分钟）

1. 播放喜羊羊勇斗灰太狼的视频或图片。（或其他动画片体现勇敢的片段）

2. 说一说：小朋友做过哪些最勇敢的事？（学生讨论，教师提问）

3. 小结：勇于挑战困难才是真正的勇者。

（二）团队活动：黑箱子游戏（15 分钟）

活动目的：培养学生勇敢无畏的品质，激励学生勇于面对敢于挑战，不向困难低头。

1. 教师出示黑箱子，箱子里装着毛绒触感的可爱公仔。

2. 教师引导，渲染恐怖气氛：同学们，老师今天给大家准备一个神秘的黑箱子，箱子里面有一件令人可怕的东西，所以老师把它放进黑箱子里不让大家看到。老师先不告诉大家是什么东西，老师想看看班上有没有勇敢的同学有勇气把手伸进黑箱子里？当你的手指碰到这个东西的时候，它可能会动，请大家不要害怕。只有勇敢的同学才有勇气上来挑战，哪位同学最勇敢第一个挑战呢？

3. 请参加挑战的同学轮流伸手进小黑箱，并说说自己的感受。

4. 教师打开小黑箱，把玩偶展示给学生看。

5. 教师小结：小朋友们太棒啦！刚才老师担心你们不敢尝试，看着你们一个个举起小手勇敢无畏的样子，老师为你们骄傲！

(三)情景剧《报名风波》(15 分钟)

1. 教师导入：同学们，接下来请大家欣赏情景剧《报名风波》，并思考面对他人的看法和自己的理想时，怎样做才是勇敢？(课前安排学生表演)

2. 情景呈现：

旁白：小芳是个多才多艺的女孩。但是，每逢学校有大型文艺活动时，她始终没能战胜自我，勇敢地去施展自己的才能。而一次次的机会总在她患得患失中流失，这不机会又来了……

场景：教室。

老师(上)：同学们，下周我们小学将举办“才艺 Show”大赛。获得“才艺之星”称号的同学将有机会免费去游乐园旅游。我认为我们班是人才济济。可惜参赛名额只有三名，为公平起见，这次给大家自愿报名，机会难得，速度要快！

旁白(教室外走廊：小玲一个人若有所思地走着，好友小羽赶了上去。)

小羽：小玲，你这么有才艺，快去报名呀！

小玲一扭头：“啥……那个呀，我才不稀罕呢？”

旁白：(其实像往常一样，她很希望能代表班级去参加)

小羽：“你的条件这么优秀，不去的话真是浪费啊”。

小玲：“你是不明白我内心的纠结呀，才三个名额，拿了奖，别人说我抢他们饭碗，没拿奖的话又说我爱出风头，我可丢不起这个面子！”

小羽：你这样真没出息，总是怕这怕那的……

（转身离去）

旁白（第二天，在教室里）

老师（上）：目前为止，我们班已经有两个同学报名了，还剩一个名额，先到先得啊！

旁白（老师意味深长看了小玲一眼，很希望她能勇敢地站起来，报完最后一个名额。小玲几次憋足了勇气想站起来，老师见状—）

老师：小玲，那就你来吧？

旁白（这时小玲想，万一一口答应，不知道又会招来多少的笑话。一想到这，她涨红了脸）

小玲：不，不，我不行！

老师：你要对自己有信心哦，在老师心目中你可是数一数二的才女哦！老师希望你能鼓起勇气，勇敢地挑战自己，好好考虑一下。这节课下课后告诉我结果。

旁白（小玲细想了许久，就在下课铃声响之际，小玲终于举起手站起来）

小玲：老师，我要报名。

老师（欣慰高兴的表情）：“好，今天的课先到此为止！下课！”

旁白（几天后，“才艺 Show 大赛”如期举行，比赛结果也出来了）

老师（开心）：我有好消息要告诉大家，我们班三个同学都拿到了“才艺之星”称号，本周日这三位同学将和其他选手一同前往游乐园！让我们为他们的成功鼓掌！

（全班鼓掌）

3. 老师引导同学们进行交流总结：勇敢就是可以抛弃别人的成见，大胆自信地抓住机遇，充分展示自己的才能。

4. 小组合作讨论自己周围勇敢的事例并展示。

（四）教师总结（2 分钟）

（五）全班听歌曲《勇敢的心》并齐唱（3 分钟）

（设计：陈姗）

2.3 勇敢的心　智慧地行

【活动名称】勇敢的心， 智慧地行!

【培养品质】勇敢

【活动对象】中年级学生

【学情分析】

小学中年级的学生，他们具有好奇、好动、好表现等特点。这群处于道德发展关键期的孩子，已经能够较有秩序地进行小组合作和表演，并且有了一定的动手能力。他们对于勇敢的内涵、如何辨别勇敢与鲁莽、另外如何在勇敢的同时也避免自己受到伤害，有自己的一些模糊的看法，但需要老师的引导。

【课堂类型】心理活动课

【活动目标】

1. 通过活动，使学生了解什么是勇敢，并辨别勇敢与做危险事情的区别。

2. 在活动中培养学生认同勇敢、追求勇敢到实践勇敢的精神，从而促进学生个性的完善与发展。

【课时安排】1 课时

【活动准备】

多媒体教学课件、《裂谷奇兵》表演视频及其音乐、大的海报纸、水彩笔、胶纸等。

【活动过程】

(一)视频导入(5 分钟)

1. 播放《裂谷奇兵》视频节选。(苏小铁与小伙伴历经坎坷，终于到达宝鼎山)

2. 说一说：同学们，你们喜欢《裂谷奇兵》中的苏小铁还有他的小伙伴吗？为什么？(学生讨论，教师提问)

3. 小结：我们都喜欢勇敢的人，佩服有勇气的人，那究竟什么是勇敢？

（二）团队活动（25 分钟）

1. 选一选，议一议，演一演。

每个小组选一个情境题，就此进行议论和表演。

情境一：操场上，你看到班里的大个子威威正在欺负一年级的小同学。

情境二：体育课上，你遇上了你最不擅长的体育项目——跳高，怎么都不敢迈出第一步。

情境三：考试的时候，你发现几个同学正在传答案。

情境四：放学回家的路上，有一个不认识的大人总是跟着你。

2. 总结：勇敢就是不怕危险有胆量；困难面前不退缩；坚强机智。

3. 看一看，辨一辨，说一说。

欣赏四幅不同的漫画，判断其中的小朋友是否勇敢？

漫画一：小朋友 A 攀爬大树

漫画二：小朋友 B 晚上一个人外出玩耍

漫画三：小朋友 C 在坏朋友的怂恿下尝试吸烟

漫画四：小朋友 D 不会游泳，却对落水同学进行施救

4. 总结：勇敢不是勇于做危险的事，更不是逞强做自己能力范围之外的事情，真正的勇敢应该是在困难面前镇定机智，临危不乱。

（三）展示交流（8 分钟）

小组合作：制作一张“我勇敢，我机智”的海报，并把海报展示在黑板上，分享交流。

（四）活动总结（7 分钟）

1. 合唱歌曲《勇敢的心》

2. 老师总结：今天，我们知道了勇敢的定义和勇敢的可贵，也知道了勇敢和鲁莽的区别。更重要的是，同学们意识到了在实践勇敢的过程中要大胆机智，保护好自己的安全。相信大家今后会像《裂谷奇兵》的主人公苏小铁一样，勇敢机智，最终做一个对社会、对集体和他人都有帮助的人，让我们一起高喊口号：勇敢的心，智慧地行！

（设计：杨学梅）

2.4 成长的翅膀

【活动名称】成长的翅膀

【培养品质】坚持

【活动对象】低年级学生

【学情分析】

小学低年级的学生好奇、好动、喜欢模仿，思维呈现直观性、具体性、形象性等特点。对自己以及周围同学的认知都是通过一些具体的现象去理解的，他们的认知很多时候是受他人支配的。这时候的孩子十分依赖于家长，特别信任老师，自主意识不强。因此，本设计希望通过开展不同形式的活动让孩子们在活动中去感受真实的自我，勇敢的面对挫折，学会坚持做事，体验坚持并最终获得成功的喜悦感。

【课堂类型】班会活动课

【活动目标】

1. 让学生认识到凭自己的双手可以做很多事。

2. 让学生明白坚持的重要性，体验坚持过后获取成功的喜悦感。

【活动目标】1 课时

【活动准备】

多媒体教学课件、背景音乐、剪刀、五彩绳、剪刀、不织布粽子。

【活动过程】

(一)活动导入(5 分钟)

1. 说一说：同学们，你们平时喜欢做手工吗？

2. 课件播放不织布粽子成品图片。

3. 问：看到这些精致可爱的不织布粽子想不想自己亲手做一个？(学生反响热烈)

4. 教师将提前准备好的不织布粽子拿出来分发到每个学生的手中。

师：今天我们一起来动手做一做，看谁做得最精致漂亮，我们还可以把自己亲手编制的不织布粽子送给自己想送的人。

(二)不织布编织(20 分钟)

1. 分组：6 人一小组分成 7 个小组。确定每人手中都拿到不织布。每小组自荐或推荐一名组长。

2. 播放不织布编织教学视频，学生观看。

3. 组内交流讨论：组内成员根据图片指示对具体做法进行交流讨论。

活动具体要求：

(1)制作时间 20 分钟，结束后每组将作品放在展示台轮流展示，并请一名代表对编织过程简要介绍。

(2)在制作过程中要轻声交流，以免影响其他小组；使用剪刀和针时注意安全。(学生开始动手操作，教师观察指导)

(三)展示交流(5 分钟)

各组将成员做好的作品拿到讲台上进行展示交流。并选一名代表介绍自己的作品编织过程。

(四)馈赠时间(5 分钟)

学生将自己的作品馈赠给自己想要赠送的人。

(五)活动总结(5 分钟)

1. 教师请几个爱表达的学生自由谈谈在编织活动中的感受。

2. 教师总结：在今天的不织布编织活动中，老师看到了，同学们虽然觉得很难，但是依然坚持着，最后终于编出漂亮的图形。老师也看到了有的同学非常热心，耐心地教那些不会的同学操作。最后大家把自己用心织好的粽子送给自己的同学，送给老师。最重要的是大家在编织的过程中遇到不会操作的时候认真观察别人的手法，不气馁，不放弃的这种坚持，让老师很感动！坚持这种好品质，会为我们插上一双翅膀，在我们成长的道路上助我们飞翔。相信你们以后无论遇到什么样的困难都能像今天这样，一起探讨，互相鼓励，坚持完成！

(设计：王婷)

2.5　坚持就是胜利

【活动名称】坚持就是胜利

【培养品质】坚持

【活动对象】中年级学生

【学情分析】

本班的孩子比较能吃苦耐劳，坚持做好一些事情是班上大部分孩子们可以做到的，但是，孩子们认为很多事情是理所当然的坚持，会陷入一些误区，认为所有的坚持都是有意义的，都是正义的，正确的，而且和成人相比的话，孩子们的坚持的能力是有待加强的，有的时候无谓的坚持，哪怕是有意义的坚持都会让孩子无所适从，无法自己进行心理、态度和情绪的调整。所以，孩子们需要领悟真正的坚持，有意义的坚持和如何坚持。

【课堂类型】班会活动课

【活动目标】

1. 认识“坚持”的品质，并认知培养坚持能力的重要性；

2. 激发学生对培养坚持这种能力的兴趣与自觉性，区分坚持和执拗的区别。

【课时安排】2 课时

【活动准备】

绘本故事、游戏音乐、游戏时的塑胶垫子、辩论会的视频、图片。

【活动过程】

(一)游戏导入教学：你能做到吗？(5 分钟)

(学生在听音乐的过程中坚持认真聆听跟唱，当音乐停的时候，举牌回答老师的问题)

问题：

1. 你每节课能否坚持 40 分钟不开小差？

2. 你上课能否坚持认真听讲？

3. 你能否坚持看课外书一小时，一整天可以吗？

4. 你能坚持在饭桌上吃饭不随意走动吗？

5. 你能坚持每天完成作业吗？

6. 你能坚持每天认真书写吗？

7. 你能坚持遵守交通规则吗？

8. 你能坚持每天自己整理内务吗？

9. 坚持每时每刻带手机玩游戏是对的吗？

10. 坚持自己的执拗和错误是对的吗？

(二)绘本故事：听故事，受启发。(10分钟)

1. 老师引导学生阅读绘本故事《一个好狼的故事》；

2. 老师发问学生通过图片能否猜到故事所讲的内容并讨论；

3. 老师请同学们给大家讲述这两个故事并对故事角色的心理想法进行讨论分析；

4. 引导学生围绕下列问题思考：

(1)若狼非常看重动物们的想法而没有坚持自我放弃后会怎么样？

(2)如果你是小动物们，你会怎么看待狼的行为？愿意相信支持吗？

(3)如果你是狼，你会怎么做？

(4)放在生活中，你愿意像狼一样坚持做自己觉得正确的事吗，能否抵抗别人的误会并且忍受委屈？

(5)如果错了，大家都告诉你错了，我们还要坚持错误的看法吗？

(6)什么时候需要坚持到底？

5. 老师再介绍一则故事，请孩子们安静地阅读。

6. 全班交流，请学生思考，这个故事和上个故事所说的坚持有什么不同？(有的人一直坚持错误，过于执拗，不知悔改，不听取意见，有的人听取意见并且积极反思自己的行为，一直坚持正义和真理……)

7. 比照自己，回想在实践过程中，坚持的能力是否是多方面体现的？如何结合实际情况，培养坚持的能力？请大家说说。

(三)小品表演(20分钟)

4人小组表演小品《坚持》，同学们根据自己的领悟选取生活场景表演不同的“坚持”，发挥孩子们的想象力、组织能力和创新能力。

(四)学生讨论，观看小品后的感受。(5分钟)

(五)游戏：坚持就是胜利。(20分钟)

1. 游戏1：同舟共济，坚持到底(4个同学一组，利用两张塑胶垫子搭船一样轮换前进，在过程中需要紧紧地抱住队友，不能放弃队友，而且要团队思考，如何才能抱得更紧，走得更加快更加牢固，咬牙坚持到底)；

2. 游戏2：我能行(每个同学选取自己最能坚持的动作或者活动，坚持3分钟不放弃)。

(六)你我雄辩；辩论坚持和放弃。(15分钟)

将班级的同学分为支持放弃和支持坚持的两方，利用提前找到的资料和论证展开辩论。(学生可利用视频、图片、名人名言和现有发生过的事件，激发学生的思维和主观意识能动性，让学生在辩论的认知中学会“坚持”的能力和深刻体会“坚持”的精神。

(七)全课总结：(2分钟)

同学们，这堂课你们表现很出色，老师欣喜地看到你们对“坚持”有了深刻的认识，你们不仅懂得了何为坚持，还学会了必要的放弃和退让。不仅有丰富的想象力，还有创新意识，能根据自己的经历和生活事件提出自己独特的看法。生活充满了酸甜苦辣，总是在不断地发生着一些事情，等待着你们自己去解决和掌控，学会坚持，学会一定的放弃，对于你们来说很重要，将来的你们也可以在生活的大海中扬帆起航。老师坚信，通过努力，你们就能学会坚持，在生活中过得很好，很幸福。

(八)让我们在美妙的歌声中结束这堂课吧！(The climb)(3分钟)

(设计：罗文媛)

2.6　热情——积极主动

【活动名称】热情——积极主动

【培养品质】热情

【活动对象】低年级学生

【学情分析】

小学低年级的部分学生还处于以自我为中心的阶段，对旁边的人和事多半都是出于好奇心，缺少正确的关心和处理方式；另外学生处于直观形象思维阶段，所以教学上也需要采用直观教学方式，比如观看视频等，并且游戏的活动形式也能极大调动学生的积极性。

【课堂类型】班会活动课

【活动目标】

1. 通过事例和活动，引导学生认识热情。

2. 运用所学的热情，应对生活实际。

【课时安排】1 课时

【活动准备】

多媒体教学课件、排演情景剧。

【活动过程】

(一)活动导入(5 分钟)

1. 说一说：同学们，你们觉得我们班上哪些同学待人很热情？从哪里感受到的？

2. 播放新闻视频——老人摔倒无人问津。请同学们谈谈感受。(课件出示图片)

3. 议一议：你觉得作为小学生的我们该如何热情地对待身边的人？(学生讨论，教师提问)

4. 教师小结：热情地对待他人，就是积极主动地关心帮助别人。(师生一起概括总结)

（二）活动一（15分钟）

1. 教师给出情境：在校园的课间活动时间，一位同学不小心摔倒了，你会怎么做？

2. 课前准备：四人小组合作编成小的情境剧，再多加排练。

课堂上：小组内再合作表演，预演。

注意事项：

（1）小组里推选一名组长收集整理其他成员的想法和意见。

（2）其他组员开动脑筋，想想如何通过语言、表情、行为表现出“热情”。

（3）注意抓紧时间，有效时间能完成。

3. 教师选出2名现场观察员，观察员的任务是：

（1）全程观察各小组预演的过程中，各组成员是否都有参与其中？

（2）过程中，要注意抓紧时间，请观察员提醒督促。

（3）交流结束时发表评价。

4. 展示：

（1）请每组代表先陈述自己的剧情大概，给自己先做出评价；

（2）由全班同学根据观察员和代表的发言，选出最想观看的几组来表演展示；

（3）让学生投票选出“最佳剧情奖”“最佳演员奖”。

5. 教师小结：待人热情，你收获赠人玫瑰，手有余香的幸福感；接受热情，你收获一份感动和温暖。

（三）活动二（10分钟）

1. 教师：热情地对待他人，就是积极主动地关心帮助别人；那热情地做事，又是什么样的呢？让我们从一道道判断题“抢答游戏”中去找寻答案吧？当主持人念完题目之后，大家举手抢答“热情”或“不热情”。

2. 小主持人读题：

（1）一年一届的校运会又开始了，我太怕太阳晒了，我才不要去报名参加比赛；

生1：不热情

（2）一听说科技节征集优秀小发明、小制作，我就赶紧开动脑筋动手做起来，做起来比较复杂，一次两次都失败了，但是我不放弃，我相信我能成功！

生 2：热情

(3)数学题太难了！不想写了，先玩会玩具吧……

生 3：不热情

(4)生字错了一个，我就再读记一遍，再听写，我一定能做正确！

生 4：热情

3. 教师小结：做事热情，就是积极主动地，不怕困难，勇敢坚持做一件事情。

(四)活动三(8 分钟)

1. 师：热情待人、热情做事，不是一句口号，需要我们在学习生活中去践行，有这样一个示例。

这学期一名叫小华的同学转入我们班就读。周围的环境、同学、老师都让他感觉很陌生，再加上他性格本身就比较内向一点，所以他感到很不适应，学习成绩也是一路走下坡路。作为同班同学，你打算如何运用你的“热情”去帮助他？去感染他？

2. 个人独立思考，可以写或者画下来。

3. 先小组交流再全班交流。

(五)活动总结(2 分钟)

1. 教师请观察员做简单的小结；

2. 教师总结：今天，我们不但了解了什么是热情，它包括待人和做事两个方面，而且从三次活动中，我们也深切感受了热情带给我们的快乐和幸福感，学会了拥有乐观积极的人生态度，全心全意、不要三心二意或半途而废，相信大家今后会表现得更好！

(设计：张丽)

2.7 人际交往需要热情

【活动名称】人际交往需要热情

【培养品质】热情

【活动对象】高年级学生

【学情分析】

小学高年级的学生在小学里是一个具有一定特殊性的群体，即将告别小学生活，一步步从童年期向少年期过渡，他们在生理和心理上都发生了较为明显的变化，在这一阶段的学生大多建立起固定的人际交往圈，以团体形式为主，然而面临进入初中面对陌生的环境，要重新建立新的人际关系圈，容易产生不安的情绪，特别是性格内向的学生，进入新环境后更容易产生不安和压抑，甚至会影响到学习与生活。所以通过本次活动课，让学生积极热情面对新环境，学会与人建立良好的人际关系。

【活动目标】

1. 通过本次活动让学生认识到人际交往中热情的重要性，掌握培育热情的一些方法。

2. 形成对自己日常交往中积极情绪的重视。学会用积极的情绪引导自己，热情对待每一个人。

【活动重点】

人际交往过程中表现出热情。

【活动难点】

学生如何去理解热情，如何在生活中有效运用培养热情的方法。

【课时安排】1 课时

【活动准备】

名词卡纸、多媒体课件。

【活动过程】

（一）活动导入（10 分钟）

1. 你演我猜

将学生分为四组，面朝观众排成一排，最后一位同学回头看课件上的词语，此时其他学生不能回头，有人回头就换一个词语。最后一位同学看好词语后，根据自己的理解用肢体语言表达给前一位同学，依此类推一直传递到最后一位同学，最后一位同学猜词语，猜错则依次由前面的同学猜，猜对为止，如全猜不中，换个词语再来。

2. 思考问题：

在刚才的游戏里你觉得表演的传神同学他们都具有怎样的共同优秀特质？（活力足，热情）。

3. 小结：热情的同学在活动中更容易感染人。

（二）感受你的热情（13 分钟）

1. 进行游戏——多人同行。

（1）让学生用 1 分钟时间商量如何通过老师的考验。

（2）让两组学生随机站好，然后老师说“×人通行”，所有同学就要按照要求重新组成×人一组，可进行多轮。

2. 让成功同行和未能同行的同学都谈下自己的感受，以及在同行成功时自己内心的想法。让同学们分享有朋友支持和没有朋友支持的感觉。

小结：让人感受到你的热情。

（三）热情需要主动（10 分钟）

1. 活动—志同道合

在 3 分钟时间内，每位同学要在班上找出至少三位跟自己有共同兴趣爱好的同伴结成小组。看哪个兴趣相同的小组在这个活动同伴最多。

2. 各小组展示或者讲述自己小组特色。

3. 小结：要想交到更多的朋友，就要主动展现出自己的热情。

（四）展示你的热情（5分钟）

讨论：在大家知道热情对人际交往的重要性之后，请思考怎样才能让大家觉得自己是热情？如何才能展示出自己的热情，怎样体现在日常的生活中？

1. 每天保持好心情。

2. 对他人态度友好。

3. 与人交往主动豁达。

（五）活动总结

今天我们大家一起了解到同学们在生活中需要朋友，朋友们可以给予自己支持。要想交到朋友，我们就要用热情来破冰。希望大家以后能够用自己的热情，让自己快速的建立起和谐人际关系。

【拓展材料】

1946年，美国心理学家所罗门·阿希做了一个心理学史上著名的实验，被称为“热情的中心性品质”实验。他列出有关人格的七项品质，包括：聪明、熟练、勤奋、热情、实干和谨慎，给一组被试。同时，他给另一组被试几乎同样的七项品质，不同的仅仅是把“热情”换成了“冷漠”。要求两组被试对表中的人做一次详细的人格评定，阿希教授对被试者说明，表中的人可能和他们希望这两组具有几乎相同品性的人具有什么样的其他品质。

答案出来了，仅仅一个“热情”与“冷漠”的区别，具有“热情”品质的人，受到了被试的衷心喜爱，人们慷慨地用各种优秀的品质描述他。而那个“冷漠”代替了“热情”品质的人，遭到了人们的敌意和仇恨，被试者把各种恶劣的品质统统都罗列在他的“冷漠”品质之下。这项实验证明，在人类的品质描述中，热情和冷漠成为人类品质的中心，决定了一些其他相联的品质的有与无，包含了更多有关个人的内容。因而，热情——冷漠被称为是具有决定性的品质。

（设计：陈晓刚）

第三章

仁慈与爱

3.1 友好相处

【活动名称】友好相处

【培养品质】友善

【活动对象】中年级学生

【学情分析】

中年级学生由于生活经验不足，他们在陌生、严肃、冲突等情况下，自我调节能力比较差，他们喜欢与伙伴共同游戏、学习，但情绪很不稳定，容易激动、冲动，常为一点小事面红耳赤，而且情绪变化极大，与人相处、沟通缺乏技巧。

【课堂类型】心理活动课

【活动目标】

1. 让学生感受与同伴相处的乐趣。

2. 引导学生如何与同伴友好相处，学习解决问题的态度与技巧。

【活动重点】

学习如何处理冲突。

【活动难点】

学习解决问题的态度与技巧。

【课时安排】1 课时

【活动准备】

多媒体教学课件、奖品。

【活动过程】

（一）小调查：我身边的好伙伴

请同学介绍身边的一位好伙伴，可以是同学或家里的兄弟姐妹，或是亲戚中的同龄人，完成调查表。

小调查——我身边的好伙伴
姓名：
关系：
在一起开心的事：____________________
最近一次闹矛盾是因为：____________________

四人小组分享，请几位同学在班上说说。

2. 小结：与好伙伴一起玩，是一件快乐的事情，可是有时会为了一件事，出现闹矛盾或玩不到一起的情况，像最常见的争抢玩具、意见不合等，遇到这些矛盾时应该如何解决呢？怎么与伙伴们友好相处呢？这是今天要讨论的话题。

（二）活动：分奖品

1. 表扬同学们在小调查活动中认真完成，给每组奖奖品（12 种颜色的蜡笔）。

2. 设置难题：奖品只有一份，请组员讨论奖品该由谁获得，并要求讨论的结果要使大家都满意。

3. 提供小锦囊，告诉学生如果实在想不到好的方法，可以参考小锦囊的方法。

小锦囊内容：

分享：平均分或一起使用

轮换：轮换着保管和使用

运气：通过抽签或猜拳的方法决定

竞争：通过竞争的方法决定

退让：放弃自己的一部分利益

4. 让学生汇报本组的解决方法，并询问组员是否都同意。

5. 教师小结：当与伙伴都有想要的东西时，无需争抢，可以有多种解决方法，只要双方都满意，就是最合适的方法。

（三）感受友善

1. 阅读绘本《是谁在门外》——（湖南少年儿童出版社）

2. 教师小结：就像《是谁在门外》的小动物们，他们在困难面前相互帮助，最终战胜了困难。希望通过这一节课，我们学会解决问题的态度与方法，与身边的伙伴友好相处，并学会相互关爱。

（设计：唐明宇）

3.2 友善在我心

【活动名称】友善在我心

【培养品质】友善

【活动对象】中年级学生

【学情分析】

现在大多数孩子是“独生子女”，他们在父母的溺爱中成长，一切以自我为中心，大多养成了“唯我独尊”的性格。这种性格非常不利于他们的成长，影响和他人的接触和交流。平时和同学的交往，是孩子接触社会的起点。学会与人友好相处，才能在集体中互相支持、互相谅解。因此，设计了“友善在我心”主题班会，使学生懂得在集体中约束自己，从点滴做起，养成良好的道德习惯。

【课堂类型】心理活动课

【活动目标】

1. 懂得友善、谦让是交往的美德，是一个人有修养的表现，乐于谦让有礼与人为善。

2. 知道了解生活中友善、谦让的重要性，懂得善待他人就是善待自己。

3. 学会谦让友爱，友好地与他人相处。

【活动重点】

学会谦让友爱，友好地与他人相处。

【活动难点】

体会善待他人就是善待自己。

【课时安排】1 课时

【活动准备】

多媒体教学课件、背景音乐。

【活动过程】

一、故事导入

1.《风和太阳的故事》《六尺巷的由来》。

2. 说一说：听了这两个故事，你想说些什么？(自由回答)

3. 小结：宽容友善可以增进人与人之间的感情，促进社会和谐。

二、板块一　友善互助

师："快乐与人分享，你得到两分快乐，忧愁向人倾诉，你将分掉一半忧愁。"我们每天与同学相处，与朋友交往，难免会发生一些小误会，产生一些小矛盾，甚至冲突。

(一)展示 PPT：日常不良行为(自我检查，这里有没有你？)

1. 歧视、戏弄同学；

2. 上课不听课，故意影响他人；

3. 课间，同学无意碰到了你的东西；

4. 同学之间的言谈，伤害到了你的感情……

(二)想一想，身边的同学对你都做过些什么？你想对这些同学说些什么呢？(友好与不友好的事例)

交流：我们每个人都是集体中的一员，不友好影响团结；友爱产生动力，友爱能增进团队凝聚力。

小结：友善就是与人为善，宽容谅解、友善互助能让生活更美好。

三、板块二　谦让有礼(情境表演)

1. 上课铃声响了，同学们纷纷走进教室，小明不小心碰了悦悦桌上的书，悦悦瞪了一眼小明，说："不长眼吗？"小明赶紧说："对不起！"悦悦说："书弄脏了，对不起有什么用？"就这样，悦悦不依不饶地和小明吵了起来……

2. 一次阳光体育课，全班同学练习跳 8 字绳

小宇："你跳得不好，不带你玩！"

小丽："让我练习一下嘛！"

小宇："不行！你跳得那么慢，影响大家速度了！"

小丽哭着跑开了……

3. 周末，10岁的小童和妈妈去书城，在地铁上发现一个空位，立刻飞奔过去，坐了下来。过了一站，有位阿姨抱着小孩上了车，妈妈说："小童，给阿姨让个座吧！"小童说："不，我也是小孩呢！"妈妈一脸尴尬地看着他……

要求：结合上面三个情境，在小组里演一演，议一议，他们做得对吗？假如你碰到这样的事情，你会怎么做？大家共同想办法，帮帮他们。

四、板块三　学以致用

1. 谈谈本节课你的收获，在今后的学习、生活中，我们应该怎样才能做到友善互助，互相谦让。(自由发言))

2. 写友善卡，互相交换(配乐)。

3. 齐读"友善"名言。

教师小结：友善是天空，包容天地之间的万物；友善是氧气，孕育新的生命；友善是阳光，是雨露，照耀滋润着美德的生成。

五、拓展延伸

全班合唱《左手右手》

教师结束语：希望同学们在今后的学习、生活中，能够善待他人，包容别人，学会换位思考与真诚地赞美，拥有更多的朋友！

(设计：王钊)

3.3 友善传递美好

【活动名称】友善传递美好

【活动品质】友善

【活动对象】低年级学生

【学情分析】

在学校内、班级里的人际交往是小学生社会化的重要途径之一，但是低年级学生由于受自身认识水平发展的限制、交往知识的匮乏以及交往技巧不足等相关因素，容易产生认识上的自我中心，致使小学生在人际交往时常会产生系列的问题，比如：形成小团体或孤立他人；当与伙伴意见不合时，常常产生冲突甚至发生伤害事件。因此，教师应帮助小学生提高人际交往的能力，解决其在实际生活中遇到的人际交往方面的困惑，引导其采取友善的态度和方法去解决人际交往中的问题。

【课堂类型】心理活动课

【活动目标】

1. 引导学生树立热情诚恳、谦虚友善的交往态度；
2. 引导学生尊重他人、关爱他人；
3. 提高学生的沟通、合作能力。

【活动重点】

理解绘本背后包含的“友善”的意义。

【活动难点】

在实践中认识到友善的态度带来的改变，并学会友善待人。

【课时安排】1 课时

【活动准备】

多媒体教学课件、收集到的关于友善的相关资料、学生姓名或学号卡、抽奖箱。

【活动过程】

一、图片导入

多媒体课件呈现一副有关于“友善”的图片，请同学们仔细观察图片。

后描述并思考：从图片里面发现了什么信息，猜猜图片想要表达什么内容。（教师根据学生回答呈现课程主题：友善待人）

二、阅读绘本故事—《狼大叔的红焖鸡》

（一）观察绘本封面，初步感知。

你从封面发现了什么？（戴头巾的大白鸡）

（二）教师带领深入阅读绘本。

从前，有一只狼，他喜欢各种各样的美食。除了吃，再没有其他的爱好了。（同学们猜猜，狼大叔最喜欢吃什么？——红焖鸡）（是的，聪明的孩子已经从故事题目上知道了。）

有一天，狼大叔突然很想吃红焖鸡。一整天，他都在森林里走来走去，想找一只肥嫩的母鸡。最后，他终于发现了一只鸡。“啊，这只鸡红烧正合适。”他想。狼大叔蹑手蹑脚地跟在母鸡后面，越靠越近，当他正要伸手去抓他的猎物的时候……他有了另外一个主意。

（什么主意呢？—学生思考后作答）

“如果有什么办法能让这只鸡再胖一点，”他想，“我就能多吃几口肉喽……”

于是狼大叔跑回家，冲进厨房，开始准备……他先做了一百个香喷喷的煎饼。然后，在那天深夜，他把煎饼悄悄地放在母鸡家的走廊上。“快吃吧，快吃吧，我可爱的母鸡，长得肥肥又胖胖，让我痛痛快快吃一场！”他小声念叨着。

过了几天，他给母鸡家送去了一百个香酥的甜甜圈。“快吃吧，快吃吧，我可爱的母鸡，长得肥肥又胖胖，让我痛痛快快吃一场！”他小声念叨着。

又过了几天，他捧来了一个一百磅重的香甜的蛋糕。“快吃吧，快吃吧，我可爱的母鸡，长得肥肥又胖胖，让我痛痛快快吃一场！”他小声念叨着。

终于，万事俱备，那正是狼大叔一直期待的一个夜晚。他把一个大号焖锅取出来装满水，放在火上，然后就兴高采烈地出发了。

他边走边想——(我马上要吃到肥肥的红焖鸡喽!)

“那只鸡现在一定胖得像个气球了,”他想,“让我先看看。”

就在他正要往母鸡家里偷看的时候……

门突然打开了。

(这时,你们猜猜,母鸡会怎么做呢?)

母鸡尖声叫起来:“啊呀,原来是您啊,亲爱的狼大叔!”

“孩子们,孩子们!快来看哪,煎饼、甜甜圈和那个香甜的大蛋糕……不是圣诞老公公送来的!那些都是狼大叔送给我们的礼物!”

鸡宝宝们全都跳到老狼身上,总共亲了他一百下。

“噢,谢谢你,狼大叔!你是世界上最好的厨师!”

(这个结果是不是很出乎意料?没有想到吧!这样一来,狼大叔还会吃红焖鸡吗?为什么呢?)

三、小组讨论

是什么让原本想吃红焖鸡的狼大叔后来又放弃了呢?为什么会有这样的改变呢?

教师总结:虽然狼大叔最开始想吃红焖鸡,给母鸡做了很多好吃的也只是为了养肥它,让味道更好而已,但是,他的行为被母鸡和小鸡误认为是友善的信号,产生了深深的感激和喜欢,这种发自内心的感谢,也改变了狼大叔。原来有的时刻,爱和善意的力量是如此巨大呢,爱与喜欢都是可以传递的!

四、友善的力量

(一)学生小品展示,不同的行为会让人产生什么样的不同感受。

(一组友善的行为,一组不友善的行为)

(二)案例讨论,教师呈现在班级和人际交往中常遇到的冲突和问题,请同学们思考后上台展示,自己的处理方式,进一步学习友善的行为表现。

五、“我的守护天使”活动

在全班开展“守护小天使”行动,活动概述:每个同学事先在老师处抽取班级任意一名同学的姓名条,即成为该名同学为期两周的“守护小天使”,“守护小天使”

在这两周，需要想尽一切办法，照顾和守护要守护的人，但不能让他知道。两周时间到后，揭晓守护人和被守护人，被守护人要给守护天使一个大大的拥抱来表示感谢。

（设计：刘思亚）

3.4 爱在你我之间

【活动名称】爱在你我之间

【培养品质】爱

【活动对象】低年级学生

【学情分析】

小学低年级学生的自我意识仍处于自我中心时期，对于爱的理解比较简单，认为谁对自己好就是爱。但人与人之间的交往常常是复杂多样的，学生需要学会感受亲情、友情、师生情的美好之处，也要明白冲突之下隐藏的爱与关心，并学会向他人表达爱的各种方式。

【课堂类型】心理活动课

【活动目标】

1. 学生对爱有幸福快乐的积极感受，喜欢被爱，愿意去爱他人。
2. 学生了解爱有不同的表现形式，学会发现藏在严厉、冲突下的爱。
3. 学生能用多种方式去表达对家人、同学、老师的爱。

【课时安排】1 课时

【活动准备】

大白纸若干、彩笔若干、背景音乐

【活动过程】

(一)导入环节(2 分钟)

教师在黑板上画一个爱心，并提问：同学们，你们看到黑板上这个图形会想到什么？

学生自由回答：红心、爱心、爱、友爱等。

教师小结：同学们想到了非常多的东西，其中，有很多同学都提到一个字，那就是“爱”。今天，我们将会一起分享有关“爱”的话题。

(二)感受爱(13 分钟)

教师引导：那么，我们能在哪里找到“爱”呢？不如，我们一起从日常生活中来找找看。

将全班同学分为四个组进行讨论，各组分别分享自己与父母、亲人、同学、老师相处时感觉开心快乐的事情。

每组发放一张大白纸和若干彩笔，请同学们在纸上把这些场景简单地画下来，形成“我和父母的快乐时光”“我和亲人的快乐时光”“我和同学的快乐时光”“我和老师的快乐时光”四幅画作。

各组派代表进行全班分享。

教师小结：刚才同学们分享了许多和爸爸妈妈、亲人、同学、老师在一起时的快乐时光，我们会感到开心、幸福，感受到我们被他们所爱着。其实，这也正是爱的奇妙之处，爱会给我们幸福和快乐。

(三)发现爱(7 分钟)

教师引导：当我们和其他人友好相处、分享快乐的时候，我们会有被爱的感觉。但有的时候，我们难免会和他人发生不愉快的事情，甚至发生争执、产生冲突。这个时候，我们可能会有伤心、难过的感觉。但是，这是否意味着我们不再被爱着呢？

请同学们听一听婷婷和小轩遇到的事，并说说你的想法：

(1)一天晚上，婷婷在电视上看了一集动画片，就到了应该上床睡觉的时间。婷婷还想继续看电视，但她的爸爸把电视关掉，并要求她马上去刷牙洗脸。婷婷生气地朝爸爸大喊：“你不爱我了！”

(2)小轩没有写完语文作业，老师严厉地批评了小轩。小轩心想：“老师批评了我，她一定是不爱我了。”

教师提问：婷婷觉得爸爸不再爱自己，小轩觉得老师不再爱自己。同学们，你们是怎么看的呢？

请学生代表发言，分享自己的看法。

教师小结：其实，爱有很多面，等待着我们去发现。父母、老师的严格要求也是爱的一种表现形式。有时候，爱是开心快乐的；有时候，爱却戴了一张面具，藏在严厉之下、躲在冲突背后，让我们难以发现它的真面目。因此，我们要有一双善于发现爱的眼睛。

(四)表达爱(13分钟)

教师引导：刚才的课堂上，我们在日常生活中感受爱，在争执冲突中发现爱。原来，我们正被自己的父母、亲人、同学、老师爱着。那我们可以怎么样去表达我们对他们的爱呢？

请同学们分为四组，进行角色扮演。小组成员扮演成不同角色进行表演，尽可能想多种方式去向父母、亲人、同学、老师表达爱。

第一组：向父母表达爱，我们可以这样做！

第二组：向亲人表达爱，我们可以这样做！

第三组：向同学表达爱，我们可以这样做！

第四组：向老师表达爱，我们可以这样做！

小组完成排练后，在班上进行表演展示。教师把小组展示的做法汇总到黑板上，每个小组表演结束后，其他组可以进行补充。

(五)结束(5分钟)

教师总结：爱能给我们带来幸福美好的感觉，我们要在生活中时常感受身边的爱、用心发现藏起来的爱，并且学会表达爱。最后，请大家起立，让我们用拥抱向班上的同学表达我们的爱吧！(播放背景音乐，同学们自由拥抱)

(设计：李洁仪)

3.5 小小人儿有大智慧

【活动名称】小小人儿有大智慧

【培养品质】社会智慧

【活动对象】低年级学生

【学情分析】

小学低年级的学生容易以自我为中心，凡事先以自身的利益出发去思考和行动，因此在与家长、同学相处过程中很容易发生矛盾冲突。同时，低年级的学生缺乏相应的生活经验，在面对矛盾冲突时不懂得如何去应对和调解，有些学生甚至采取比较极端的方式去解决矛盾，例如打架、恶作剧等。另外低年级学生的注意力较短，思维特点仍以直观思维为主，根据以上特点设计本节课。

【课堂类型】心理活动课

【活动目标】

1. 懂得在不同场合里，应该做什么，不应该做什么；
2. 通过活动掌握在不同场合可以做的事情以及不应该做的事情；
3. 培养谈吐、举止得体的社会智慧。

【课时安排】1 课时

【活动准备】

A3 白纸若干、彩笔若干，提前安排学生表演情景剧。

【活动过程】

（一）谈话导入（2 分钟）

教师：同学们，你们知道家里来客人了要怎么做吗？好朋友伤心了，又该怎么做呢？你的两个朋友吵架了，你又该怎么办呢？这些看起来很小的事情，其实这里面蕴含着很多相处的智慧呢！今天就跟随老师一起走进课堂，我们一起做一个有大智慧的小小人儿！

(二)情景剧(15分钟)

A. 情景剧一：客人来我家

1.(剧情)周六，小明正在家里看电视。过了一会，家里来客人了，小明见到客人也不起身问好，也不端茶倒水，仍然坐在沙发上看自己的动画片。爸爸妈妈招呼客人坐下后，客人想跟小明聊聊天，但是小明只是含糊地回应“是”“嗯”“不知道”，眼睛仍然盯着电视的动画片。

2. 教师：同学们，家里来客人了，小明这样做对吗？为什么？(生答)

3. 教师：同学们说得都很有道理，那么家里来客人了，到底该怎么做呢？如果我不是在看电视，我在写作业呢，面对这种情况，又该怎么办呢？

4. 小组讨论，讨论结束后，请小组代表发言。教师把学生回答的要点写在黑板上。

B. 情景剧二：我的朋友哭了

1.(剧情)语文单元小测的试卷发下来了，小红看着自己的试卷坐在座位上发呆。好朋友小白跑过去找小红，原来小红因为粗心写错了一个标点符号，这次小测没拿到100分，小红正为这件事感到懊恼呢！小白拿起小红的试卷，看了看，然后对小红说：“你看，你因为粗心所以没拿到100分，我这次可得了100分呢，我每次写完试卷都会仔仔细细地检查一遍！你一定是没有检查，写完试卷睡大觉了吧，哈哈哈哈……”小红听了之后，趴在桌子上哭了。

2. 教师：同学们，小白做的对吗？为什么？(生答)

3. 分小组讨论问题：①当看到朋友不开心的时候，我应该做什么？

②如果是因为我惹得朋友不高兴了，我应该怎么办？

4. 讨论结束后，请小组代表发言。教师把学生回答的要点写在黑板上。

C. 情景剧三：他们吵架了

1.(剧情)小文还没走进教室，就听到教室里传来争吵声。原来是小文的好朋友小宇和小青因为一道数学题的解法吵起来了，最后他们都放下了狠话，发誓从此以后再也不理对方了。小文作为他们的好朋友，处在他们之间左右为难，不知道该怎么办。

2. 教师：同学们，如果你是小文，你作为他们共同的好朋友，你该怎么办呢？快给小文支支招吧！（生答，教师把学生回答的要点写在黑板上）

3. 教师：看来同学们对处理同学之间的矛盾很有自己的心得呢！如果是父母吵架了，你作为他们的子女，你又该怎么办呢？（生答，教师把学生回答的要点写在黑板上）

D. 小结

教师：通过三个情景剧，我们知道了在不同场合，有不同的相处之道。不管是待人之道还是在面对亲人朋友的矛盾冲突时，我们都要运用我们的智慧去化解。

（三）海报设计（18 分钟）

1. 教师：同学们，通过这节课，我们学会了在不同场合应该做什么，不应该做什么。为了让更多同学知道这里面的大智慧，我们以小组为单位，共同完成一张海报设计。

2. 小组共同完成海报设计。

3. 小组上台展示自己小组的海报设计。

（四）活动总结（5 分钟）

1. 学生谈感受和收获。

2. 教师总结。

（设计：陈秀芸）

3.6 解难五部曲

【活动名称】解难五部曲

【培养品质】社交智慧

【活动对象】中年级学生

【学情分析】

小学中年级的学生处于一个年龄的转折期，他们刚刚脱离低年级的稚嫩，但心智还未能像高年级学生那样有条理，面对冲突时可能更容易头脑发热，动手打人，甚至于造成双方更严重的伤害。因此面对这样的情况，设计一个“如何面对冲突”的课程，让孩子们在遇到冲突时能有合适的办法去应对。

【课堂类型】心理活动课

【活动目标】

1. 引导学生感受冲突带来的消极情绪，讨论冲突的起因和解决方法。

2. 鼓励和指导学生正面处理同学之间的矛盾和冲突。

3. 引导学生学习解决问题的态度和技巧。

【课时安排】1 课时

【活动准备】

多媒体课件，写有狮子、老虎、大象、大猩猩的纸条(课前发给四人小组，每人一张)，小奖品，小锦囊。

【活动过程】

(一)游戏导入——“谁是森林之王”(6 分钟)

1. 师：同学们，森林里正在举办一场别开生面的比赛，大家都在争夺“森林之王”称号。有人说狮子是森林之王，有人说老虎是森林之王，也有人说大象是森林之王，还有人说大猩猩才是森林之王呢。老师觉得四种动物都有自己的优势，都能当森林之王，可是森林之王的称号只有一个，该给谁呢？现在四人小组里面每个同学都代表着不同的动物，请你们各抒己见，为自己代言，一起来争夺这个“森林之王”的称号吧！

2. 小组讨论：以四人小组为单位，限时2分钟，要求小组在2分钟内推举出森林之王。竞选成功的同学有奖励哦！

【设想：狮子、老虎、大象、大猩猩各有优势，都有可能是森林之王，设计这个活动目的是让小组内的学生互相说服，造成一种冲突的局面。】

3. 游戏结束，问：有竞选成功的吗？

提问没有推选出来的小组：为什么会没有人成功呢？遇到了什么困难？现在的心情怎么样？

提问成功推选出来的小组：为什么你们成功了？你们是怎么想的？

4. 师小结：没成功的小组在比赛过程中谁也说服不了谁，最后不但没推选出森林之王，而且还发生了冲突，使得很多同学都不开心。其实这样的冲突和矛盾我们不仅会在游戏中遭遇，在我们生活中也会存在哦。

【Plan B：“森林之王”竞选环节如果出现大多数同学都能成功化解冲突的情况，那么可以邀请成功的小组分享经验，教师将学生分享的办法写在黑板上，作为总结的材料。】

(二)你说我说百家堂(6分钟)

1. 师：同学之间发生了冲突和矛盾，大家都会不开心。你们遇到过哪些冲突？都是因为什么引起的？

2. 学生自由发言。

3. 如果学生不好意思说，那么可以以不记名的方式写下来，通过抽签的方式让老师来代劳。

(三)解难五部曲(20分钟)

1. 师：非常感谢这么多同学的踊跃发言，老师也知道了，原来冲突真的是无处不在呀！与同学发生了矛盾，轻则影响友谊，重则打起架来两败俱伤。老师这里有“解难五部曲”，你们想知道吗？(生：想！)

2. 解难五部曲

(1)陈述你的愿望和理由；

(2)陈述你认为对方有可能存在的愿望和理由；

(3)提出解决冲突的方法；

(4)选择一个大家都愿意接受的解决方法；

(5)检验这个方法是否令双方满意。

3. 解难大师

师：老师最近也收到了很多同学的求助，都说自己遇到了麻烦，你们能做个解难大师，帮老师解决一下吗？

(1)小A和小B争抢秋千，各不相让。

(2)小C不小心把跳绳掉在地上，小D看到地上有个跳绳于是就捡起来玩。小C以为是小D拿了他的跳绳，两个人发生争执，小C情急之下推了小D一把。

(3)小E因为小F不小心弄坏了他的笔盒，而把小F的作业本撕破了。

小组合作，根据老师的“解难五部曲”分析两个主人公的愿望和理由，然后帮他们思考一些解决冲突的方法，并从中选择一个最合适的方法。

4. 四人小组用小品的方式将讨论结果展示出来。

(四)再次竞选“森林之王”(6分钟)

1. 师：同学们，还记得最开始的“森林之王”竞选吗？我们还没有成功呢！现在我们再来一次，看看结果会不会有所不同。

2. 小组讨论：以四人小组为单位，限时2分钟，要求小组在2分钟内推举出森林之王。竞选成功的同学有奖励哦！

3. 游戏结束，问：有竞选成功的吗？

【设想：经过“解难五部曲”的训练，在这次的竞选中应该会有比较多的小组能推举出森林之王。】

教师提问上次没成功这次却成功了的小组：恭喜你们成功推举出森林之王！你们第一次没有成功，第二次却成功了，可以告诉老师你们的想法发生了什么转变吗？(对竞选成功的小组成员都进行奖励。)

4. 师小结：同学们，老师真的为你们感到骄傲！短短时间内，你们就已经能够从容地面对冲突，然后想办法去解决它。当发生冲突的时候，我们能够站在对方的角度去想一想，然后一起想出一个大家都满意的方法，那么问题就会迎刃而解啦！

5. 提供小锦囊

师：如果实在想不到好的方法，可以参考小锦囊中的方法：

分享、轮换、运气（抽签决定）、竞争（比赛）、退让（放弃自己的一部分利益）。

【Plan B：导入环节结果是 Plan B 的，那么此环节可以省去，改用导入环节中学生的经验作为总结，将学生的方法有意识化，引出小锦囊。过程如下：

1. 师：同学们，你们知道吗？我们还没有开始这节课的时候，很多同学都已经学会了如何掌握化解冲突了。不相信？你们看，（手指黑板上记录下来的学生的经验），在我们竞选“森林之王”的游戏中，这些同学已经开始运用化解冲突的方法了。你们知道他们运用的都是什么技巧吗？

2. 提供小锦囊

分享、轮换、运气（抽签决定）、竞争（比赛）、退让（放弃自己的一部分利益）。】

（五）总结（2分钟）

1. 再次展示“解难五部曲”，与同学们再来回顾一下。

2. 解决冲突的方法

合作、退让、主动道歉、寻求帮助、离开现场、分享、轮换、竞争、运气。

3. 师：其实冲突并不可怕，方法总比问题多。只要我们带着自信和真诚去解决问题，那么我们的身边永远都有歌声与微笑。

4. 播放音乐《歌声与微笑》，在歌声中结束本课内容。

（设计：陈秀芸）

第四章

正　义

4.1　公平大家谈

【活动名称】公平大家谈

【培养品质】公平

【活动对象】中年级学生

【学情分析】

中年级的学生已经懂得了“平均分”的概念，也初步理解了“平均分”与“公平”之间的联系，但对“团体公平”的概念还比较模糊，加上这个时期自主意识增强，爱表现自己，同时自控力不足，往往通过表现出众来确立自己在团体中的权威，从而忽视其他成员在团体中的权利和机会。

【课程类型】心理活动课

【活动目标】

1. 通过活动，让学生体验被公平与不公对待时的感受。
2. 使学生理解在团体中不能只要求别人对自己公平，也要公平地对待他人。
3. 使学生理解我们在享受团体内部公平的权利时，也要履行自己的义务。

【课时安排】1 课时

【活动准备】

多媒体教学课件、适量的糖果、大白纸、水彩笔。

【活动过程】

(一)导入——体验不公(10分钟)

1. 游戏：撒糖果

师：今天我为大家准备了一份礼物，你们想不想要啊？礼物就是五彩缤纷的糖果，你们想要吗？(撒糖果的时候控制主要撒向某个区域，刻意造成不公)

2. 采访：

(1)捡到糖果较多的同学，你现在的心情是？(开心、庆幸……)

(2)没有捡到糖果的同学，你此刻的心情是？(失落、生气……)

3. 提问：那到底要怎样才能尽可能让每个同学都开心呢？(平均分)

4. 小结：在一个团体中，当我们受到不公平的分配和对待的时候，我们会失落、难过，甚至是生气，我们都希望能够被公平地对待。那么，公平的最好方法就是给每位同学同等的“面包”和机会。

(二)公平之我对他人

过渡语：请同学们思考一下，我们都希望被平等地对待，能被分到一样多的糖果，那我们需不需要公平地对待团体中的其他朋友呢？(需要)

1. 头脑风暴：(8分钟)

问题：在班级里，我们在哪些事情上要做到公平地对待他人？

要求：

(1)小组讨论，三分钟后小组代表汇报；

(2)想法越多越好。

小组汇报：分发书本、作业本；班干部记名字；小组长查背书；班干部竞选……

2. 小试牛刀：(12分钟)

(1)任务：以小组为单位制定一个班干部选举方案，方案要体现公平的原则；

(2)小组汇报，并评选“最佳方案”。

(三)公平之我对团体——我该怎么说？(8分钟)

情境：每次班级打扫卫生时，胖虎总是偷懒，还理直气壮地说：“你们打扫就行了，我才不要打扫呢！"你作为卫生委员，该如何劝说他呢？

1. 请几位同学分享自己的想法；

2. 小结：在团体中享受公平是我们的权利，同时，我们也要履行自己的义务，为了团体内部的公平、和谐，我们需要献出自己的一份力量。就像我们在享受和使用政府给我们提供的一切公共设施的时候，我们也需要向政府缴纳税款，这是一个道理。

(四)活动总结(2分钟)

今天，我们通过活动了解并体验了公平的重要性，在班集体中，人人都渴望平等，因此，我们在要求别人公平对待自己的时候，也需要平等地对待其他人，每个人都有平等的权利和机会。同时，班集体内部的公平、和谐需要大家的努力和维护，人人献出一份力，这样我们的集体才会更团结，更和谐。

（设计：吴曾艳）

4.2　好朋友的忙，帮还是不帮呢？

【活动名称】好朋友的忙，帮还是不帮呢?

【培养品质】公平

【活动对象】高年级学生

【学情分析】

高年级学生独立意识增强，但是分辨能力不高，看问题易带片面性和表面性，尚处于人生观、世界观形成的初级阶段。在涉及到分配以及奖罚问题的时候，容易受到个人喜好及偏见的影响，导致无法做到一视同仁或出现分配不公的现象。

【课程类型】心理活动课

【活动目标】

1. 通过写剧本、演一演，帮助学生开拓思维，积极创新，大胆表现。

2. 通过活动，让学生体验公平会带来的结果，以及不公平会带来的后果。

3. 使学生懂得公平的重要性，懂得在团体中要履行自己的责任和义务。

【课时安排】1课时

【活动准备】

多媒体教学课件、情境。

【活动过程】

(一)导入(5分钟)

问题导入：

1. 同学们，当你的好朋友找你帮忙时，你会怎么做呢？(义不容辞……)

2. 当好朋友的请求与你的原则相冲突时，你又会怎么做呢？(帮忙、看情况……)

(二)我是大编剧(25分钟)

1. 出示情境：

小明是班级的语文科代表，小辉是小明的好朋友，一天，语文老师要小明统计没有完成古诗词默写的同学，放学之后留下来，恰好今天小辉也没有完成默写，便向小明求情，能不能不记他的名字……

2. 分组完成剧本

把班级同学分成两大组。

剧情一：小明没有拒绝小辉的请求……

剧情二：虽然小明有些为难，还是拒绝了小辉……

八小组，每个小组在大组的要求内自行设计并完成剧本。（要求故事具有完整性）

3. 演一演

要求：请几个剧本有代表性的小组上台把剧本演出来。（老师在学生完成剧本的过程中要观察并挑选好故事情节有代表性的小组。学生剧情编写可能结果见附件）

小结：同学们，通过刚刚几个小组的演绎，我们会发现，对于这个问题，记名和不记名都会产生相应的结果，那么我们一起来归纳一下，这两个选择分别可能会导致什么结果呢？（板书）

记名字：小辉生气、被老师留下、完成了古诗默写；

小明坚持了自己的原则、得到了同学和老师的尊重和认可。

不记名字：小辉开心、没有完成古诗默写、考试丢分、被老师批评。

小明没有坚持自己的原则、失去了老师和同学的信任、被老师批评、科代表被撤销。

（三）谁是“最佳编剧”？（8分钟）

说一说：同学们，我们现在要评选“最佳编剧”，你会把你宝贵的一票投给谁？为什么？（引导学生根据结果判断事情的可行性）

（四）活动总结（2分钟）

今天，我们通过剧本续写的活动，了解了对于同一件事不同的选择，会造成不同的结果，当朋友的请求与自己的原则和责任相违背时，我们要坚守自己的原则，不可因为个人的喜好和偏见而影响自己的决定和行为，待人要一视同仁，待事要公正合理，这样才能得到更多人的尊重。

【拓展材料】

学生剧情编写结果可能有：

(1) 小明没有拒绝小辉的请求，因为小辉说要是不帮他，他就再也不跟小明玩了，小辉在小明的包庇下躲过了老师的惩罚，也没有任何人发现他们俩的秘密。几天后，期中考试了，没想到语文考试中正好就有这首古诗词的默写，班级里就小辉一个人没有默写出来，试卷发下后，小辉被老师叫进了办公室，心想：我怎么这么倒霉啊……

(2) 小明没有拒绝小辉的请求，并且还非常爽快地答应了他："这点儿小忙，包在我身上了。"第二天，小明被老师叫进了办公室，原来是昨天放学后同桌发现小明包庇小辉后告诉了老师，老师非常生气，不仅撤销了小明语文科代表的职务，还严肃地批评了小明和小辉……

(3) 虽然小明有些为难，还是拒绝了小辉："这样不行，如果我不记你的名字，其他同学会说的，要是老师知道了也会批评我的，对不起，我帮不了你。"小辉很生气，觉得小明不够义气，两天没有理他……

(4) 虽然小明有些为难，还是拒绝了小辉："这样不行，如果我不记你的名字，是对其他同学的不公平，即使你是我的朋友，我也不能包庇你，希望你能理解。"小辉有些生气，但也没再多说什么了……

（设计：吴曾艳）

4.3 你是彩虹鱼吗？

【活动名称】你是彩虹鱼吗？

【培养品质】领导力

【活动对象】高年级学生

【学情分析】

六年级的学生生理机能正处在儿童向少年的过渡时期，正处于由童声向少年变声的过渡期。由于获得知识和信息的途径增多，参与意识和竞争意识也在逐步增强，而心理上又处于一种半成熟、半幼稚的矛盾状态，在行为上往往是独立性与依赖性同在、自觉性与盲目性并存。因此，在课程学习中，我们要注重培养学生热爱学习、喜爱学习的积极心理品质，激发学生获取知识的主动性和自觉性。

【课堂类型】心理活动课

【课时安排】1课时

【活动目标】

1. 教育学生有宏观决策能力和筹划能力，善于从大局出发，制定长远发展规划和终极目标；

2. 教育学生能够坚持信念，有雄心、有信心、有精力、有毅力；

3. 善于鼓励团队成员参与决策、管理，从不批评和打击团队队员的积极性和工作热情，是用思想来指导团队发展，而不是用唠叨插手具体工作细节，值得信赖和尊敬。

【课时安排】1课时

【活动准备】

多媒体教学课件、背景音乐、大白纸、便签纸、固体胶。

【活动过程】

（一）活动导入(5分钟)

对不起，我错了

1. 开始时，全体同学按四路纵队站好，老师站在队伍的侧面。

2. 老师说“一”时，全体向右转；说“二”时，全体向左转；说“三”时，全体向后转，说“四”时，全体向前跨一步。如果有人做错了，就需要站在大家的面前，面对大家，鞠躬说：对不起，我错了。

3. 分享交流：当你在游戏中出错了，站在大家面前说“对不起，我错了”的时候，你的心情是怎么样的？你的小组成员对你是什么态度？你有什么感受？

(二)团队活动

活动一：《我是彩虹鱼》(15 分钟)

在遥远的蓝色大海深处，住着一条鱼。别的鱼都羡慕地睁大了眼睛，叫他彩虹鱼，因为这可不是一条普通的鱼，就是找遍整个大海，也再找不到这么美丽的鱼了。

它那五颜六色的鳞片，就像彩虹一样，蓝的、绿的、紫的……闪闪发光。

“来呀，彩虹鱼，来和我们一块玩吧！”小蓝鱼说道。

可是，彩虹鱼连看都不看他们一眼，就“嗖”地游了过去，还骄傲地闪了闪鳞片说：“我可是海里最美丽的鱼，你们都得听我的！和你们玩，有损我领导的威严”。

有一天，一条小蓝鱼从后面追了上来，冲他招呼道：“彩虹鱼，等等我！求求你了，把你的闪光鳞片，送给我一片好吗？就一片！实在是太漂亮了！”

“你说什么？把我这与众不同的闪光鳞送你一片，别开玩笑了！除非你当我的奴隶，侍奉我一辈子！做不到就给我闪一边去！”

小蓝鱼吓了一跳，赶紧游走了。

小蓝鱼不知道怎么办才好，就把这件事告诉了朋友们。从那以后，再也没有一条鱼搭理彩虹鱼了。

彩虹鱼一游过来，大家就都把头扭到了一边。即使有一身让人眼花缭乱的闪光鳞片，却没有一个人愿意听它的，和他一起玩耍，又有什么用呢？

结果，彩虹鱼变成大海里最孤独的一条鱼了。

【讨论：彩虹鱼为什么最后会成为最孤独的一条鱼了？因为是最漂亮的鱼所以大家都必须接受它的领导吗？你对整个“领导”的行为怎么看？】

直到有一天，它把自己的苦恼告诉了章鱼奶奶，章鱼奶奶对彩虹鱼说：“我建议你把你的闪光鳞分给每条鱼一片。这样一来，你虽然不是一条最美丽的鱼了，但你却能体会到什么才是幸福，如何获得幸福。”

彩虹鱼犹豫起来，但是还是小心翼翼地取下身上一小片闪光鳞给了小蓝鱼，“谢谢！太谢谢了！”“咕噜咕噜咕噜……”小蓝鱼开心地吐出一串泡泡。看着小蓝鱼开心地样子，彩虹鱼心中涌起了一种奇妙的感觉……

【讨论：为什么后来大家都愿意和彩虹鱼做朋友了？你们心中的好领导，是什么样的？】

活动二：涂色卡(15分钟)

1. 将学生分成六人一个小组，选出组长。

2. 给每个小组分发两支彩笔、一张卡通人物图，要求学生在小组长地带领下，在规定时间内，给卡通人物图涂色。

3. 哪个小组涂得最漂亮、最接近原图，哪个小组获胜。

4. 分享交流：分享小组作品，回忆涂色过程，你们的组长是如何带领你们完成任务的？你们对组长的表现满意吗？在这过程中都遇到过什么事情？

5. 教师：如果时光可以倒流，组长们会如何分配成员的工作，你们又会如何去完成任务呢？课件呈现方法总结。

6. 第二次涂色：小组长领取材料和卡片，进行二次涂色。

7. 分享交流：对比前后两次的作品，进行评价，交流前后出现变化的原因，自己的感受以及活动中的启发。

8. 教师小结。

(三)总结提升(5分钟)

1. 学生分享感受和收获。

2. 教师总结。

(设计：刘思亚)

4.4 火车全靠头来拉

【活动名称】火车全靠头来拉

【培养品质】领导力

【活动对象】高年级学生

【学情分析】

高年级学生处在叛逆期的萌芽阶段，一方面想自我独立，另一方面心智还不够成熟，这个阶段他们的自我意识比较强，对新鲜的事物充满好奇，但是内心缺乏目标感，需要外界给予支持，因此对学生进行有针对性的教育，对学生在集体中的认知和存在具有重要意义。

【课程类型】心理活动课

【活动目标】

1. 通过活动让学生明白有号召力的核心人物对于集体的重要性。

2. 让学生在活动中体验并发挥自己的核心能力，体验成功，增强自信心。

【课时安排】1 课时

【活动准备】

1. 班委竞选细则；

2. 黑板布置书写“火车得快，全靠头来带”，并配上花边；

3. 游戏：司令——指挥官；

4. 小品——谢谢你。

【活动过程】

(一)活动导入(5 分钟)

1. 看录像：《小小主人翁》：让学生感受班干部对班级的重要性。

某班老师出差了，小班长主动承担起了老师在教室管理的日常，同学们有序吃早餐，课间孩子们在小班长的管理下有序玩耍。中午午读，小班长监督管理仔细，其他同学认真阅读。放学时，班长组织同学对一天的学习和表现情况进行反馈和评价。

2. 学生交流：看了这些画面，请你谈谈班长对班级发展的重要性。

3. 老师总结：领导力是班级凝聚力的核心。

(二)团队活动(33 分钟)

1. 火车开得快，全靠头来带(10 分钟)

火车头带圈圈，人数多少，头要心中算。跑圈圈，火车头根据人数多少，会调整速度快慢。

火车头真重要，运行质量他掌控。

2. 司令——指挥官(15 分钟)

小游戏中考验司令和指挥官的配合，使整个团队在活动中团结一心，突破目标。在教室里，划出一片空地，画成小方格，放一些“炸弹”和“武器”。分成 3 小组，每小组各派 1 名“指挥官”、1 名“司令员”和 3 名“战士”在起点就位，指挥官背对战地，根据司令员的手势，用语言传递给当组的即将出征的蒙眼“战士”，告知他们在什么位置捡武器，什么时候袭击“敌人”。

最后，看司令的指挥，战士最后俘获敌人的数量，来判断战事情况。

学生谈感受。

总结：没有“司令员”的战略指导，就没有团队作战的优秀表现。

3. 小品——《谢谢你》(8 分钟)

中午阅读课，教室里闹哄哄的，老师见此大发雷霆。老师后来了解到真实情况：原来是刚刚有位同学中午来校，因为高温中暑，班长组织几名同学将患者送去校医室，教室其他同学一阵热议，碰巧刚进教室的老师见到这一幕。班长主动承认错误，认为是自己失职，态度诚恳的样子引得大家的一片点赞。

老师也衷心的感谢热忱为大家服务并尽心尽力的班长。

班长为同学解决难题，你怎么看你身边的班长？

(3)活动总结(2 分钟)

李开复的《21 世纪的领导力》，对领导力有了新的认识：“一种有关前瞻与规划、沟通与协调、真诚与均衡的艺术。”在班级管理中需要有这样的意识，这样的人。

(设计：刘娟)

4.5 心中的塔

【活动名称】心中的塔

【培养品质】团队精神

【活动对象】高年级学生

【学情分析】

高年级学生已经掌握了一定实践探究学习的能力，但自我意识较强，在活动过程中往往不能很好的合作。因此，对学生进行有针对性地训练就显得尤为重要。

这对学生的生活、学习及综合素养的培养和提高都具有重要的作用和意义。

【课程类型】心理活动课

【活动目标】

1. 通过活动，使学生了解塔的基本结构和特点。

2. 通过动手制作的过程，帮助学生开拓思维，积极创新，大胆表现。

3. 在活动中培养学生悦纳自己、欣赏他人的态度。让学生在团体合作中体验领导、配合、服从等角色，学会交往与合作，促进学生良好个性的发展。

【课时安排】1 课时

【活动准备】

多媒体教学课件、背景音乐、旧报纸、透明胶带、剪刀。

【活动过程】

(一)活动导入(5 分钟)

1. 说一说：同学们，你曾经去过的有名的塔有哪些？

2. 播放世界名塔图片。(课件出示图片)

3. 议一议：这些塔在结构和造型上有什么特点？(学生讨论，教师提问)

4. 小结：三角形是最为稳定的图形，在受到外力作用时不容易发生变形。通常塔形建筑都是采用下大上小的形状建筑的，这样可以避免因建筑过高而引起头重脚轻的现象。

（二）团队活动(25分钟)

1. 小组讨论，填写分工设计表(5分钟)

讨论注意事项：

(1)请同学们用旧报纸、胶带纸、剪刀等材料设计制作一个塔的模型。

(2)每种材料和工具的数量都是有限的，而且制作时间只有20分钟，所以一定要分工合理、相互配合。

(3)要为你们小组设计的塔起一个好听的名字，并且在展示作品时派出一名同学介绍塔名和设计意图。

(学生开始讨论，填写分工设计表)

2. 小组动手设计和制作心中的塔(20分钟)

活动具体要求：

(1)制作时间只有20分钟，当结束的时间到时，不论是否完成作品，都要停止制作并将剩余材料放回箱子里。违规将被取消评比资格。

(2)在制作过程中要轻声交流，以免影响其他小组。使用剪刀时请注意安全。

(学生开始动手操作，教师观察指导)

（三）展示交流(8分钟)

各组推荐一名同学在全班内交流，介绍“塔”名和设计创意，组内成员展示作品，并合影留念。

（四）活动总结(2分钟)

今天，我们不但了解塔形建筑在造型和结构上的特点，而且亲手设计制作了心中的塔。我们也评比出了“最高的塔”和“最有创意的塔”。更重要的是，同学们意识到了在活动中分工合作、默契配合的重要性，明白了在团队中要学会如何去欣赏他人和悦纳他人，而且还要能够大胆想象，这样才能设计和制作出有创意的作品来。相信大家会在今后表现得更好。

附件：

小组分工设计表

小组分工	设计： 制作： 汇报：
设计图草稿	

（设计：陈尚宝）

4.6 学会合作

【活动名称】学会合作

【培养品质】团队精神

【活动对象】高年级学生

【学情分析】

高年级学生已经掌握了一定的独立思考的能力、动手探究的能力，但同时自我意识也在增强。不少同学在学习、生活上各自为战，在日常生活中欠缺与同伴合作的意识和方法，不懂得如何与他人共处共事。为此，需要在我们的教育教学中有目的地对孩子进行训练和指导，有意识地培养学生的合作精神。

【课程类型】心理活动课

【活动目标】

1. 通过活动，使学生初步认识到学会合作的重要性，增强合作意识。

2. 通过活动，使学生领悟并了解合作一般应有的态度和方法。

3. 通过活动，使学生的合作能力有所提高，并在生活中运用合作。

【课时安排】1 课时

【活动准备】

教学课件、背景音乐、气排球、水彩笔、画纸、硬纸板，课前将学生分组。

【活动过程】

(一)情境导入，感受合作(10 分钟)

1. 故事导入，初步感受合作

观看 Flash 动画《三个和尚》，边看边想想：

(1)为什么人多了反而没有水喝了呢？

(2)那他们三个人怎样才能有水喝呢？请大家帮他们出出主意吧！

(3)小结：从刚才的游戏和故事中，我们认识到合作是非常重要的。只有懂得合作的人，才能取得更好的成功。今天我们学习的主题就是《学会合作》。

2. 问题情境，初步理解合作

(1)世界上的许多事情都是要靠人与人之间的合作才能完成的，你能举出一些例子吗？

(2)学生举例，教师补充，如：一件衣服的制成、一本书的出版、一辆汽车的出产……

(3)小结：合作无处不在，小到我们的日常学习、生活，大到国家的建设，都需要合作。所以我们应该从小学会与别人合作。

(二)游戏引领，学会合作(20分钟)

游戏1：合作传球

1. 导语：既然合作那么重要，那怎样学会与别人合作呢？

2. 游戏规则：两人背对背一起夹球走到教室后面接力线处，后面一组再接力传球，若在跑的过程中球掉了，必须从掉的地方拾回再继续。先结束的一组获胜。

3. 学生分成两组开始游戏比赛。

4. 采访成功者：你们成功的秘诀是什么？

5. 采访失败者：你们输了的原因是什么？

6. 小结：在团队游戏中互相配合比独自用力更重要。

游戏2：爱的传递

1. 规则：每组人围成一圈，双手在体前围成一个环，用手臂传递排球，不能用手碰到，中途掉了则重新开始，用时最短组获胜。

2. 学生总结游戏收获。

3. 小结：在团队合作中要互相包容，不能互相指责。

(三)活动总结(5分钟)

1. 学生分享：你在本次活动中最大的收获是什么？

2. 老师总结：独木不成林，一个人的力量总是有限的，在生活中合作无处不在，通过今天的活动，我们发现了在团队合作中光靠个人的力量是不行的，需要发挥每个人的优势和长处，其次，在合作的过程中产生问题和分歧很正常，我们要相互包容，共同想办法解决，这才是最重要的。

(四)课堂延展(5分钟)

要求：小组合作创作一张A4纸的“图书超市”广告牌，要求有图画，并最少有一句广告语。

(设计：刘虹邑)

第五章

修养与节制

5.1 乌云之上有晴空

【活动名称】乌云之上有晴空

【培养品质】宽容、 谅解

【活动对象】中高年级学生

【学情分析】

小学中年级的孩子易冲动，朋友间出现误会、矛盾是常有的事，有些学生斤斤计较，被人误解或发生矛盾之后耿耿于怀，经常由于缺乏宽容和谅解而导致友谊破裂，这样既不利于人际交往活动的进行，也在很大程度上影响学生健全人格的形成和发展。

【活动目标】

1. 体会宽容在人际交往中的重要作用
2. 遇事懂得换位思考，学会谅解和宽容

【课堂类型】心理活动课

【活动准备】

课件、A3 白纸

【课时安排】1 课时

【活动过程】

一、导入

提问：同学们，你们课间喜欢玩什么？（学生七嘴八舌回答）

老师：课间各种玩耍很开心，老师今天给大家介绍两个小朋友：弗雷迪和艾西，他们也很喜欢打打闹闹闹着玩。有一天，好像出了点什么状况：（课件展示绘本《乌云之上有晴空》）

二、绘本学习

弗雷迪和艾西打打闹闹、跌跌撞撞地进了房间。他们跑着，跺着脚，大声吵闹和抱怨。

“爸，他打我！”艾西大叫。

“我没有。”弗雷迪叫着，“我把果冻洒到你身上了，我只是想把它擦掉。”

“你太粗鲁了！”

“我没有！”

麦克鲁门先生的餐巾和书都给撞飞了。旋风般的突发事件让他瞬间陷入混乱之中，他没接住自己的咖啡杯，蛋糕也掉到了地上。

1. 提问学生：麦克鲁门先生会怎么做？

学生回答之后，继续展示绘本故事。

“啊呀！坐下，孩子们，让我们整理一下自己。”麦克鲁门先生说。

“整理自己？”弗雷迪气喘吁吁地问，“我们是什么，足球卡片之类的东西吗？”

“够啦！”麦克鲁门先生用了父亲有时会用的严厉语气说。他弯下腰收拾起蛋糕的碎屑，用这样的方式整理自己。

“但是他说……”“不，她说……”

“这实在太太太太烦人了！”

“你才烦人呢！”

收拾好碟子、清理完地板之后，麦克鲁门先生轻声说：“过来，孩子们，坐到我沙发旁边。我有个问题要问你们。”

艾西和弗雷迪警惕地注视着他们的父亲。他们慢慢地坐到麦克鲁门先生圆鼓鼓、胖墩墩的沙发旁边。

“原谅彼此是什么样的感觉呢？”麦克鲁门先生面带微笑地问。

费雷迪的耳朵竖了起来，“原谅她？没门儿！”

“但是我没有让你原谅艾西，我这么做了吗？我只是问你，原谅彼此是什么样的感觉？”

“感觉就像吃肝泥香肠三明治，上面还加上了芥末和洋葱！”

“哦，是吗？”艾西吼回去，“就像摔倒在泥潭里，正好掉在一只又黏又滑的青蛙上面！”

麦克鲁门先生舒适地坐在沙发上，端起他的茶杯。“还记得在电闪雷鸣的时候去机场吗？”他问道，“看起来就像一整天都会下着暴风雨似的。”

“原谅就像坐上飞机，起飞，然后飞到乌云之上，直到你再巨大的白色棉花球一样的云上轻轻地弹起来，一整天，你面前都是蓝天和太阳。这样去理解原谅。当你们原谅彼此的时候，你就上升到了比生气和大喊大叫更高的高度，就像飞机飞到了乌云之上，你的心情变得更加宁静和明朗。”

2. 提问学生：故事接下来会怎么发展？（等不及麦克鲁门先生说更多的原谅像什么，两个小家伙就蹦蹦跳跳出去玩了）

3. 为什么两个小家伙蹦蹦跳跳出去玩了？如果给这个故事取个名字，你会取什么？

故事中的两个小朋友通过跟爸爸的互动，不知不觉原谅了对方，重新开心地玩耍，如果他们斤斤计较、不依不饶还能和好吗？

原谅体现的是宽容的品质，我们跟人相处的时候需要大度、谅解和宽容。

三、小组讨论：生活大考验

生活中我们在与人相处时，会出现各种各样的状况，当你的朋友出现下面这些状况时，你是选择原谅还是不原谅？为什么？请把它写下来(全班就近按 4~6 人分为一组，围圈讨论)

1. 全班排队领取营养餐的时候，你的朋友插队了。

2. 上课前进教室时他恶作剧地伸出脚绊倒你，惹得全班哄堂大笑。

3. 上体育课时他用球砸到了你头上。

4. 你开生日 Party 时邀请了他，他开 Party 却没有邀请你。

5. 你跟他约好周末一起去图书馆，结果他没跟你打招呼就提前跟别人一起去了。

6. 他考试时作弊。

7. 你抄作业，他向老师告状。

8. 你偷偷告诉他你喜欢某个女生，让他不要跟别人说，结果很快全班都知道了。

9. 你把心爱的玩具给他玩，结果他弄丢了。

10. 他知道你很怕蟑螂，还拿蟑螂来吓你。

各小组派代表分享，教师点评时注意对同学们的选择不做伦理的评判，无论选择原谅与否都代表了他们的价值取向，无绝对的对错之分，教师可以引导学生思考：

假如朋友对你做了这些事情得到了原谅，是否意味着你也可以这样对他？

不是所有的行为都可以得到朋友的原谅，有些行为即使被原谅了，也不一定是对的，要尽量避免去做。

四、结束总结：

朋友之间相处尽量真诚、尊重对方，如果对方无意中伤到你，也尽量宽容、谅解，相信乌云之上有晴天。

（设计：舒清燕）

5.2 学会宽容，生活更美!

【活动名称】学会宽容，生活更美!

【培养品质】宽容

【活动目标】

1. 初步了解什么是宽容;

2. 懂得原谅他人无心的过错，学会宽容，进而培养健全的人格，快乐成长。

【活动重点】

学会宽容处理同伴之间的冲突、矛盾。

【活动难点】

懂得原谅他人无心的过错，学会在生活中宽容待人。

【教学策略】

1. 教学方法：在学生活动的基础上，运用讲述法、谈话法、情景剧表演等方法，将理论和实践相联系。

2. 活动方法：播放绘本PPT，小组讨论，联系实际等方式让孩子了解自己在宽容这方面是怎么样做的。

【活动对象】低年级学生

【学情分析】

小学低年级学生三观尚未建立，情绪尚不稳定，自我保护意识较强，当同伴和自己发生冲突时，往往容易用最简单的方式解决，哭闹、争吵、告状、甚至发生肢体冲突。适当地引导他们改变心态，宽容接受别人不小心的过错，不仅能赢得自己在别人心目中的地位，还能交到更好的朋友，让自己成为一位受人欢迎的人，生活会更加美好!

【活动准备】

多媒体教学课件、绘本《独角兽妹妹》PPT

【课时安排】1课时

【活动过程】

一、活动导入

(1)谈话导入

教师提问，同学们讨论交流在同伴家做客有没有弄坏同伴玩具或其他物品的经历？当时的情景是什么样的？请同学们先说出来，然后再选择一个合适的情景，邀请同学把当时的情景演出来。

今天老师分享一个绘本，也是去别人家做客发生的故事。

(2)出示绘本《独角兽妹妹》，请同学说说小猪知道独角兽妹妹要来玩是什么样的心情。

绘本简介：好客的小猪邀请独角兽妹妹来玩。不料，麻烦来了：独角兽妹妹的尖角把小猪家戳得到处是洞洞……小猪生气了，把独角兽妹妹赶了出去，还把门用砖头封上。可是这样，小猪自己也出不去了。小猪急中生智又请独角兽妹妹来帮忙。两个人重新成为了好朋友。

二、绘本学习讨论，体验宽容带来的快乐

(1) 请同学们猜想独角兽妹妹到小猪家玩可能会发生什么事？为什么？

(2) 看图说说独角兽妹妹哪些事情做错了。

教师提问：你认为独角兽妹妹为什么会做这么多错事？她是故意的吗？

(3)体验不宽容造成的孤单情绪。

教师提问：为了防止独角兽妹妹再来捣乱，小猪做了什么事情？小猪开心吗？

交流讨论：你觉得小猪做的对不对？如果你是小猪你会怎么做？

引导学生观察小猪的表情，体会其内心世界，感受失去朋友后的孤单情绪。

(4)感受宽容带来的快乐。

请同学说说两个好朋友再次相见时的心情。

教师小结：这次小猪知道了，没有朋友会很孤单、寂寞，有了朋友才会开心，快乐。后面独角兽妹妹把天花板又戳了一个洞，小猪还会生气吗？为什么？

引导学生感受两个好朋友快乐、甜蜜的生活情景。

教师小结：小猪真是个了不起的孩子，虽然独角兽妹妹不小心把他的新家弄得乱七八糟，但是最后小猪还是原谅了独角兽妹妹，还帮她在角上做了蝴蝶结。小猪用他的宽容和智慧收获了一份友谊。

三、了解宽容

(1)什么是宽容？生活中哪些情况下我们可以做到宽容。

出示“宽容树”，教师提问：“宽容树”会长出哪些“叶子”呢？请大家把平时可能遇到的自己能做到“宽容解决”的事情，说出来，比如：

①课间同学不小心踩了我一脚

②好朋友把我最心爱的卷笔刀弄坏了

③妈妈今天的菜炒糊了

④老师批改作业的时候改错了

……

(2)宽容试金石，学会宽容。

教师：同学们，现在你们懂得了什么是宽容，在我们的日常生活中如果你遇到这些事，你会怎么办？

①走廊上，一个男生迎面飞跑过来，一下子将我撞倒，看着他手足无措的样子，我……

②小丽妹妹来我家玩，不小心把我的漫画书弄脏了，我……

③公交车上，司机突然一个急刹车，小明不小心踩了我一脚，我的新鞋子变脏了，我……

(3)拓展：宽容故事大搜索

古今中外，有很多关于宽容的名人故事，老师讲一个宽容的故事。

周恩来度量宽宏(现代宽容的事例)

我们敬爱的周总理一向被人们称作礼貌待人的楷模。有一次，周总理请一位姓朱的理发师给他刮脸，刚刮到一半，周总理忽然咳嗽了一声，朱师傅没提防，刮了个小口子，朱师傅心里一阵紧张，忙说：“我工作没有做好，真对不起总理。”周总理微笑着宽慰他说：“怎么能怪你呢！全怪我咳嗽没和你打招呼。还幸亏你刀躲得快。”事后，周总理还一再向朱师傅道谢，尽力消除朱师傅的顾虑。

请大家在课后回去也搜索关于“宽容”的故事？

四、活动总结

教师总结：今天我们通过绘本《独角兽妹妹》的故事，体验到了宽容的魔力。小猪对独角兽妹妹的宽容，让它们拥有了一份牢固的友谊，生活变得更甜蜜。一棵“宽容树”，让我们明白“宽容”到底是什么。感谢同学们还分享了自己的故事。莎士比亚说：宽容就像天上的细雨滋润着大地。它赐福于宽容的人，也赐福于被宽容的人。

希望大家通过此课的学习，学会宽容，让生活更快乐！

（设计：陈静）

5.3 谦虚使人进步

【活动名称】谦虚使人进步

【培养品质】谦虚

【活动对象】中年级学生

【学情分析】

三年级的孩子开始有自我意识了，对于别人的意见会渐渐存在不屑一顾和固执己见的态度。三年级孩子们的各方面差距开始慢慢加大，导致部分优等生的孩子产生骄傲自满的情绪。

【活动目标】

1. 通过活动开展，教育学生：有一颗谦卑的心，虚心接受别人的意见。

2. 通过游戏体验，体会到谦虚的重要性。

3. 在活动中正视自己的骄傲自满和不足，从而谦虚下来，向别人请教。

【活动重点】

在实践中让学生明白谦虚的重要性和懂得如何做能具备谦虚的品质。

【活动难点】

能够深入地正视自己，进而提升自己在以后的生活中谦虚行事。

【教学策略】

1. 教学方法：采用直观法、讲述法、游戏法、辩证法更全面体会谦虚。

2. 活动方法：游戏法和情境法让学生感同身受。

【课时安排】1 课时

【活动准备】

1. 收集阅读有关“谦虚”的小故事和名言警句。

2. 选出两名班会主持人，选出 1 名同学负责讲故事，选出小品表演者。

3. 课件准备。

【活动过程】

(一)故事导入

1. 主持人谈话导入：同学们，我们先来看两个故事(《苏东坡的故事》)。

2. 观看这两个故事。(课件出示视频)

3. 说一说：你从这个故事知道了什么？(学生自由表达)

4. 主持人小结：是啊！任何优秀的人都有不懂得地方，我们只有谦虚下来才会进步，才会成功。故有名言说谦虚使人进步。

(二)游戏体验

1. 表演一：小品表演《骄傲的小公鸡》

(1)小品表演：骄傲的小公鸡天天仰着脖子，骄傲自满，结果是掉进河里淹死了。

(2)请同学谈谈观后感。

(3)主持人总结：感谢表演小品的同学，让我们懂得了骄傲所带来的严重后果。

2. 游戏二：谦虚的话儿大家说

游戏规则及玩法：每个人都向后面的一个同学说一句谦虚向他学习的话，开火车说下去并反过来说一次。

(1)主持人说明游戏规则(PPT同时出示)。

(2)小组开始活动。

(3)小组游戏结束后，进行讨论：跟小组成员说一说你的感受。

(4)主持人总结：通过这个游戏，我们深切地体会到了谦虚向别人学习的好处和别人说到自己的优点的开心！

(三)是非判断

是非判断，测试谦虚能力

谦虚不仅是一种美德，而且是一种能力，是人和人沟通的重要手段，谦虚会让人进步，谦虚同样能让你跟人友好相处，会使自己不陷入孤单。下面我们来进行一项测试。(屏幕出示以下内容)

1. 你打算今后在什么情况下向他人谦虚学习？

2. 你认为谦虚和虚伪有什么不同？

3. 你过去在生活中谦虚的能力如何？　A. 强　B. 一般　C. 不好

4. 你现在要怎样提高自己的谦虚能力？　A. 改变观念，克制自己　B. 被动提高　C. 顺其自然

(四)活动总结

主持人总结，并集体朗读谦虚的名言。

1. 谦虚是我们做人的基础。倘若人们之间缺少谦虚，我们的家园就不再和谐、美好。

3. 主持人总结：关于谦虚的名言警句。

九牛一毫莫自夸，骄傲自满必翻车。历览古今多少事，成由谦逊败由奢。(陈毅)

虚心使人进步，骄傲使人落后，我们应当永远记住这个真理。(毛泽东)

我们不能一有成绩，就像皮球一样，别人拍不得，轻轻一拍，就跳得老高。成绩越大，越要谦虚谨慎。(王进喜)

“骄傲”两个字我有点怀疑。凡是有点干劲的，有点能力的，他总是相信自己，是有点主见的人。越有主见的人，越有自信。这个并不坏。真是有点骄傲，如果放到适当岗位，他自己就会谦虚起来，要不然他就混不下去。(邓小平)

一个骄傲的人，结果总是在骄傲里毁灭了自己。(莎士比亚)

(设计：陆春美)

5.4 不做骄傲的大公鸡

【活动名称】不做骄傲的大公鸡

【培养品质】谦虚

【活动对象】中年级学生

【学情分析】

小学三、四年级的学生在接受别人的评价时容易产生自信，对自我评价会偏高，甚至有时候会“目空一切”，容易导致自负的心理。他们的独立性和自我意识增强了很多，开始有自己的独特见解，往往又带有很大的片面性，甚至是错误的，但是如果父母或老师引导不当，他们不会很“听话”。在同伴交往中，表现欲很强，力图树立起自己的权威，有些同学往往会喜欢说大话、吹牛皮，显示自己的存在，引起别人的注意。因此，在小学中年级设计“谦虚”品质的培养，是符合他们的心理特征的，也是他们健康成长的一种需要，通过本次活动课，让学生懂得张扬、炫耀往往会给自己带来不好的影响，甚至被人讨厌，但是低调、谦虚的做法，往往能使自己成为一个备受欢迎且被别人尊重的人。

【课堂类型】心理活动课

【课时安排】1 课时

【活动目标】

通过故事、情景剧表演、小组讨论等活动，让学生懂得什么是张扬、炫耀的做法，会有什么不好的影响，让学生学会让自己的成就自己说话，即使擅长某件事情，也不会炫耀，做了好事，也不四处张扬，显摆自己，学会低调做事。

通过事例分析，懂得遇到问题时，能够虚心向别人请教，使自己成为一个受欢迎且被尊重的人。

【活动重点】

学会谦虚的说法和做法，不做一个喜欢炫耀张扬的人，做一个谦虚、受欢迎且被尊重的人。

【活动难点】

遇到很想张扬自己的事情时，能谦虚地表达。

【活动准备】

多媒体教学课件、骄傲的大公鸡故事视频、动物头冠(大公鸡、蛐蛐)、草帽、篮子(摘棉花的男孩道具)、毛毛虫头冠。

【活动过程】

(一)故事导入

师：小朋友们，今天老师要给你们讲一个好听的故事，大家想听吗？

老师引入故事的一段：有一只大公鸡，住在城里的一个大院子里。它长得挺威武，挺漂亮，有一个高高的红鸡冠，身上披满了像火一样红的带金色的羽毛。尾巴上的羽毛是乌黑乌黑的，闪着亮光，这些尾巴毛翘得高高的，又弯了下来，这是他身上最长的羽毛，很像夏天的柳树枝条，可是要比柳树枝条柔软得多，也要比柳树枝条美丽得多。大公鸡走路的时候，长长的尾巴毛就轻轻地飘动着。他真是一只又勇敢又漂亮的大公鸡，在那个大院子里，哪一只大公鸡也比不上他，就是在这个城市里，恐怕也很难找得到像它这样的大公鸡。

师：听到这里，你们喜欢这只大公鸡吗？(请同学回答，说明喜欢或不喜欢的原因)

师：但是这只大公鸡有一个特点，它非常的骄傲。接下来，我们来看看视频，大公鸡碰到了什么事情。

(二)看视频并小组讨论

(播放“骄傲的大公鸡”视频)

看完视频，分小组讨论以下问题：

你们怎么看待最开始那两只蛐蛐？它们为什么会被大公鸡吃掉呢？

大公鸡一下子吃到两只蛐蛐后，它发生了什么变化？

大公鸡听了小蛐蛐的话后，心里是什么感受？它是用什么语气对小蛐蛐说话的？

大公鸡和小蛐蛐后面发生了什么事情？小蛐蛐是怎么教育大公鸡的？

两首儿歌，大公鸡听到后心情有什么变化？

(三)活动：情景剧表演

老师再简单复述故事一遍，并请同学分角色扮演(旁白、大公鸡、蛐蛐 A、蛐蛐 B、摘棉花的男孩)小虫子、小蛐蛐；其他同学做观众给予配合。

PPT 一段一段呈现故事情节，分段表演。

(四)头脑风暴

1. 如果你是那只大公鸡的朋友，你想对它说什么？

2. 你想怎么样帮助它？让它能够重新开心快乐地生活。

老师引导出以下关键点：

A. 开始那两只蛐蛐被吃掉了，是因为吹牛皮，太骄傲，自不量力，所以把命都搭进去了。因此我们要正视自己，不能说大话，千万别做自己不能做的事情。

B. 大公鸡吃了两只蛐蛐后，变得骄傲自大，觉得自己很了不起，所以小虫子也不吃了，还炫耀自己，看不起小蛐蛐，后面没有办法向小蛐蛐求饶，所以我们不要轻视别人，更不要随意挑衅别人，给自己惹麻烦。

C. 即使自己做了某件很了不起的事，比如大公鸡吃掉了两只蛐蛐，我们也不要炫耀，让自己的成就自己说话，让别人去表扬自己更能让好事发扬光大。

D. 每个人都有犯错误的时候，关键是能够更正，知错就改。大公鸡如果改掉骄傲自大的坏毛病，低调谦虚地做事，还是会有好朋友的。

(五)拓展延伸：你会怎么做？

1. 小明在科技节上的小发明获得了区级的一等奖，全班同学都投来羡慕的眼光，很多同学对小明夸赞说：小明，你太牛了！以后肯定是个科学家。

如果你是小明，你是什么样的心情？会怎么说？怎么做？

参考谦虚的说法：谢谢你的夸奖，我会继续努力的！我离科学家的梦想还有很大的差距，需要我更加努力才行！……

2. 小敏是个很聪明的孩子，她的成绩在班级数一数二，平时经常有同学向她请教，她就像班级里的小老师，平时非常骄傲，学校举行六一文艺汇演，班级排一个舞蹈节目，她很想参加，想和负责节目的小美说让她一起学习跳舞，一起表演，但是又不想放下面子，去向别人请教，你作为小敏的好朋友，怎么和她说呢？

参考说法：小敏，每个人都有自己的长处，我们要虚心向别人请教，才能让自己学到更多的本领。

（六）总结：

师：同学们，我们经常听到一句话“虚心使人进步，骄傲使人落后”，每个人都希望自己能够进步，那大家是愿意做一只骄傲的大公鸡？还是做一只谦虚的大公鸡呢？

谦虚往往会让我们更受别人的欢迎，能交到更多的好朋友，骄傲、张扬、炫耀，往往会引起别人的反感。希望同学们低调做事、谦虚做人，做一个受欢迎的人！

（设计：陈静）

5.5 不做小红帽

【活动名称】不做小红帽

【培养品质】谨慎

【活动对象】中年级学生

【学情分析】

三年级学生在小学教育中正处在从中年级向高年级的过渡期，是培养意志品质的最佳时期。他们虽然开始有了一些自己的想法，但是，辨别是非的能力还极其有限，社会交往经验缺乏，经常会遇到很多自己难以解决的问题，不够谨慎，需要外界正确的引导。

随着年龄的增长，他们对外部控制的依赖性逐渐减少，但是内部的自控能力又尚未发展起来，还不能达到有效的自制，这个阶段是从可塑性强转向逐渐定型的重要过渡阶段。需要成人利用教育契机，引导学生逐步培养谨慎、自制的品质。

【课堂类型】心理活动课

【活动目标】

1. 通过绘本故事，引导学生关注和提炼重要的心理品质。

2. 通过小组交流讨论和续写故事情境的方式，头脑风暴，将课堂经验迁移到生活实际，培养谨慎的态度，提升安全意识。

【课时安排】1课时

【活动准备】

多媒体课件、《不做小红帽》绘本、背景音乐、卡纸等。

【活动过程】

(一)问题导入(2分钟)

同学们，你们有过自己一个人去远处的亲戚朋友家串过门吗？

如果有，那你还记得第一次独自外出时的经历是怎样的吗？跟大家说说吧。

同学们分享各自的经历，老师注意提问重点：

(1)当时是怎样的心情？

(2)看到了或遇到了什么让你印象深刻的人或事?

教师小结:同学们都绘声绘色地描述了自己第一次独自外出的经历,老师仿佛都能感受到你们当时的各种心情,今天呢,我们这里也有一位小女生想要说说她的经历,用一种特别的方式,让我们来一起看看吧~

(二)绘本分享《不做小红帽》

有一座大城市,由于它一直不断扩大,周围的森林都消失了。原本生长着繁茂大树的地方,现在变成了一片望不到头的汽车回收场,里面堆满了既没有车窗也没有车轮的破车架、再也跑不动的老卡车。它们长期经受着日晒雨淋,等待旧车回收站的L先生用汽车压碎机给它们最后一次碾压。

其实,之前的森林也不算完全消失,还留有最后几棵树。老伐工的曾曾孙女——玛玛·吉娜,就喜欢把自己的小汽车停在这一小片树荫里。这一天,阳光灿烂。被大家誉为"碳烤披萨女王"的吉娜,觉得自己的女儿已经长大了,可以独自去把披萨送给外婆尝尝。外婆住在那广袤的汽车回收场的另一头。

"记住,一定要沿着人行道走。到了街的尽头,你要很小心地过马路,然后就会看见外婆的房子。"对于一个小女孩来说,这还是一段很长的路程。但没有关系,因为小女孩是那么喜欢外婆。带着妈妈的叮咛和一块烤的焦黄的披萨、一瓶外婆爱吃的番茄酱,小女孩上路了……

1. 绘本分享(前半段故事)过程中,穿插提问:(8分钟)

(1)接下来会发生什么呢?小女孩有没有按照妈妈指定的路线去外婆家呢?你们猜猜。

(2)小女孩经过L先生的汽车回收场,会听取L先生的"建议"吗?

(3)小女孩踏入那一堆废铁中后,接下来究竟会发生什么样的故事呢?

注意:提问也是引导。通过提问引发学生对问题情境的联想、思考和回答,也可以折射出学生的观点、态度和立场,以便及时开展有针对性的指导。即便绘本故事可能并非是按学生的思考路径来打开,但现实生活有可能就有雷同的版本。个人认为,绘本故事分享到前半段即可,学生的版本已足够精彩,后半段部分不一定要呈现出来,可以简单一笔带过直接提到小红帽的故事结局,也可以让学生自己回去再了解。

2. 深入思考：(8分钟)

(1)小女孩为什么会上当？

L先生“和蔼可亲”？“花言巧语”？故意激将？“好玩”的诱惑？……

学生畅所欲言，发表观点，老师予以适当肯定。

(2)假如你是这个小女孩，可能哪种方式更容易让你中招？

(3)在你生活中有没有过类似的经历？比如曾经面对过诱惑的考验，又或者是在什么情况下差点让你失掉了戒备？你中招了吗？如果有，是什么让你掉以轻心了？如果没有，你又是怎么做到的呢？

分步提问，学生回答。

教师提炼：生活中可能很少有如此显而易见的居心叵测，但各种诱惑和别有用心还是很有可能存在的。这就需要我们炼就一双齐天大圣的火眼金睛，学会辨别学会应对，这对火眼金睛就是我们很重要的一个品质——“谨慎”。

3. 关于谨慎(8分钟)

谨慎是什么？就是我们常说的“小心、细心”。在做决定前要想得周到，要考虑利弊得失，不随意冒险，不说将来会令自己后悔的话，或是做会后悔的事。

怎样理解谨慎的品质呢？

我们现在回过头来看看小女孩的故事，因为“好玩”的诱惑和好奇心还有意气使然，她丢掉了谨慎，忘了打开自己的火眼金睛，最后中招。我们细看，她有哪几处是做得很不妥当的？(对应卡纸展示出谨慎注意事项)

(1)在路上遇到“热心”人的搭讪时…… → ● 多观察生活，多想一想，警惕陌生人

(2)个人及家庭一般信息及敏感信息…… → ● 求证，保护隐私

顺便提及：哪些信息是隐私、敏感信息？

(3)好奇心和诱惑面前…… → ● 考虑后果，抵制诱惑

(4)感觉到危险情境时…… → ● 遇事不急，急则无智，考虑周全

(三)生活情境大考验(12分钟)

小红帽续写……

情境一：早晨，小红帽背着书包独自去学校，刚出小区门不远，就被一位时髦红发阿姨叫住，这个阿姨常在小区内碰见。今天，阿姨和颜悦色地跟小红帽打起招呼来：哟，这么早就去上学啦，你学校是在……你能不能帮我个小忙，顺便帮我带个东西给你们学校旁边玩具店的叔叔，我有急事去不了。还有哦，这是我俩的秘密，别告诉别人哦，拜托你了！为表示感谢，我这里有点零用钱给你去买好吃的……

情境二：小红帽来到班级，班里调皮的大高个子跟她说想要捉弄一下新来的同学，他们觉得肯定很好玩，小红帽心里有些犹豫，可是她又很好奇，上课都没有心思认真听课了，到底要不要参与看看呢……

情境三：下午还要进行数学考试，课间，旁边同桌鬼鬼祟祟地跟小红帽说：一会儿考试的时候帮我个忙呗，我跟你旁边学霸说好了，快结束之前给我传个小抄，你小心着递给我哈。你需要的话也可以看看，不用谢哈，嘿嘿，小红帽有些犹豫……

情境四：晚上放学，小红帽背着书包走出校门，正打算过马路时，在路口遇到正停车等候的一个熟人——朋友娜娜的表哥，之前去娜娜家玩有见过，有两次和娜娜出去玩表哥也在，还请她俩吃过 Pizza，小红帽跟娜娜表哥打招呼，表哥认出了小红帽，顺便聊了几句，见小红帽准备回家，表哥说："上车吧，我正好顺路，带你一程吧"……

分小组各自认领一个情境，讨论交流整个情境并尽可能以情景剧的方式表演出来。

(四)活动总结(2 分钟)

教师总结：就正如《小红帽》的故事里所提到的，鲜花盛开的世界里也可能会有大灰狼，我们无法决定大灰狼会在什么时间或什么情境下出现，但我们却可以武装好自己，备好"谨慎"这双火眼金睛，保护好自己，坚决不做小红帽！

参考素材：绘本《不做小红帽》《代课老师》等。

（设计：张微微）

5.6 学会情绪自控

【活动名称】学会情绪自控

【培养品质】自律

【活动对象】高年级学生

【学情分析】

五年级学生对自己和周围人的情绪变化有清晰的认知，但是生活、学习中很难控制自己的不良情绪，从而影响了自己和他人良好的生活、学习状态。这个阶段的孩子已经学习过人物画和日记画的表现，可以通过情绪日记画的创作，让学生在绘画的过程中宣泄情绪的同时把握情绪的开关，能够有意识地认识到主动控制情绪，引导其建构良好的情绪自控的积极心理品质。

【课堂类型】心理活动课

【活动目标】

1. 让学生初步了解情绪产生的机制。
2. 学会调节情绪，有效管理自己的情绪。

【课时安排】1 课时

【活动准备】

多媒体教学课件、背景音乐、情境卡、图画纸、彩色笔、小奖品等。

【活动过程】

(一)游戏导入(6 分钟)

先来玩一个小游戏——乌龟与乌鸦

游戏说明：

1. 将全班同学以每组 10 人的方式，分成若干组，分别围成一个圈。

2. 每位同学都将左手的食指垂直伸出并将右手掌心朝下伸出。每个人的左手食指顶着左边同学的掌心，右手掌心对着右边同学的食指围成一个封闭的圈。

3. 主持人将念一段文字，当念到“乌龟”“乌鸦”时，左手食指迅速往下去抓同学的食指。注意左手食指只能向下移动不能抽回。

(文字如下：森林里的池塘边住了一只乌龟，它有一双乌溜溜的大眼睛。有一天有只羽毛乌黑发亮的乌鸦飞过乌云密布的天空，来到池塘边，突然间下起一阵大雨，乌鸦就躲进池塘边的茅屋下。乌鸦抬头看到有一个巫婆正在乌龟家门口吓的发抖，乌鸦就张嘴大叫。乌龟听到乌鸦的叫声打开门看到底发生了什么事，乌鸦看到乌龟就破口大骂乌龟，说乌龟怎么这么笨，看到乌云就应该知道快要打雷了，为什么不赶快请巫婆进屋里躲雨。乌龟听了乌鸦的话急忙请巫婆进屋里坐。乌鸦也跟着飞进乌龟家。可是乌鸦看到乌龟家满地污泥，乌漆抹黑，就喋喋不休的数落乌龟。乌龟听了很生气，就骂乌鸦无理取闹。乌鸦把乌龟家弄得乌烟瘴气，乌龟就叫乌鸦赶快滚到屋外去。巫婆站在那儿不知道该劝乌鸦好还是该劝乌龟好。

游戏分享：当你在玩游戏的时候有什么感觉?

(学生回答)

师：同学们在刚才的游戏中体验到了激动、紧张、兴奋、愉悦等各种情绪。并通过我们的表情、语音、声调、眼神、肢体状态等表达和展现出来。当然，不同的情绪一般都会有着不同的表达。

(二)情绪的绘画表现(4 分钟)

播放表现不同情绪的绘画作品。(课件出示图片)

蒙克《呐喊》、毕加索《毕加索最后自画像》、岳敏君《大笑人》……

引导：绘画艺术作品里，我们也能追踪出情绪的蛛丝马迹。其实不光是在游戏还是艺术作品里，在现实生活中也是一样的，无论面对什么情景，都有对应的情绪，即情绪无处不在。

接下来的活动叫情绪体验，我们将抽取生活中的一些情景，看看你会产生哪些情绪？

(三)情景体验(15 分钟)

体验一：请同学上台来表演。

1. 先准备好一些大小长短相等的纸条，上面写上各种可能引发情绪的情境。注意，情境的选择尽量是典型、贴近学生现实、有一定指导性。如：

(1)上课时，同桌找你说话，正巧被老师看见，老师狠狠批评了你……(委屈、生气)

(2)家长会后，回到家父母要求断网+没收手机……(沮丧、难过)

(3)老师说，考虑到明天春游就不布置作业了……(兴奋、激动)

(4)班上有个同学一直不是很看得顺眼，赶上本人今天心情不好，他没事儿瞎胡闹还对我言语挑衅……(不耐烦、愤怒)

(5)今天周末，爸爸出差了，妈妈刚又说单位临时有事可能一天都不在家，给了我一些零花钱，让我自己订餐，安排好学习任务……

(6)一个很重要的考试就要考了而你并没有准备好，而结果会对我有很重要的影响……

2. 小组认领情境，合作表演出情境。再让同学们猜情绪。

评选“戏精”

注意：要求学生集中注意身体的变化，肌肉紧张度、面部表情、目光接触、手势和姿态。

体验二：续写剧情，传递情绪。

1. 续写刚刚的情境，当情绪产生后，接下来的剧情可能是……情绪和情节分别会如何发展……

2. 小组派代表分享传达的信息？其他组分享感受体会不同的剧情版本。

引导：

(1)情绪的表达方式

(2)情绪可能会传染

(3)情绪和行为的关系

(4)情绪由什么来决定

(5)学会观察自己和别人的情绪，学会处理情绪，学会自制

(四)绘画创作(12分钟)

1. 用日记画的形式自主创作自己或身边人的情绪事件。(PPT举例)

要求：

(1)用四联画的形式表现；

(2)记录事由情境及情绪给自己或他人带来的影响；

(3)体现情绪自制的信息；

(4)注意画面的构图，人物情绪的表达。

2. 学生绘画创作，教师巡视指导。

(五)课后作业(3分钟)

1. 展示交流自己的情绪日记画，分享情绪自制的经验和有效方法。

2. 在生活中尝试自我观察和体验一次情绪产生到情绪自制的过程，并分享过程及结果，以及对此的思考。

(设计：李敏　张微微)

第六章

心灵的超越

6.1　大脚丫也可以跳芭蕾

【活动名称】大脚丫也可以跳芭蕾

【培养品质】审美

【活动对象】中年级学生

【学情分析】

小学中年级的学生开始从被动的学习主体向主动的学习主体转变，心理发生了明显的转变，虽然开始有了一些自己的想法，但是辨别是非的能力还极其有限，社会交往经验缺乏。这就需要成人的引导以及自身的学习和发展。

随着学生情感生活的不断丰富，他们的审美感也有了进一步的发展。但这种审美感还显得比较稚嫩和肤浅，包容度不够，还不太能欣赏有别于主流审美的美。所以，引导学生接受不同形式的美并主动发现身边的美就显得非常重要。

【课堂类型】心理活动课

【活动目标】

1. 通过活动，使学生认识到有外在美，但真正的美是能够让身边的人也觉得美好。

2. 通过小组合作分享，引发学生多角度欣赏美，积极寻找身边的美。

【课时安排】1 个课时

【活动准备】

多媒体教学课件、《四小天鹅》视频、背景音乐、大白纸、彩笔、《大脚丫跳芭蕾》(河北教育出版社)绘本扫描件等。

【活动过程】

(一)四小天鹅美不美(8分钟)

1. 欣赏芭蕾舞视频《四小天鹅》

2. 教师提问，同学回答：

(1)视频里的芭蕾舞演员们美不美呀?

(2)这些芭蕾舞演员有哪些共同的特征呢?

教师小结：我们发现这些芭蕾舞演员都很瘦，容貌都长得很漂亮，手跟腿都很修长，脑袋好像也都比较小，好像这就是美女的标准。的确，他们都很美，让我们也都有了美好的感觉。那是不是不满足这些标准的人就不美了呢?接下来，老师要介绍另外一位喜欢跳芭蕾舞的女孩子给大家认识，大家来看看她美不美。

(二)大脚丫不太美(5分钟)

1. 呈现绘本第一页，并提问

(1)这就是老师要介绍给大家认识的女孩，她叫贝琳达，非常喜欢跳芭蕾舞，大家觉得她美吗?为什么?

(2)那大家觉得她适合跳芭蕾舞吗?为什么?

2. 接着分享绘本《大脚丫跳芭蕾》的前半部分

(1)假如你是贝琳达，当听到评委们说的话时你会是什么感受?

(2)你们觉得三位评委美不美?为什么?

教师小结：我们大家都认为三位评委不美，因为他们很粗暴的阻止贝琳达跳舞，不顾及贝琳达的感受去评价她的脚，贝琳达一定非常伤心。但三位评委都认为贝琳达不适合跳芭蕾舞，因为她的脚实在太大了。那贝琳达会怎么样呢?她会放弃跳舞呢?还是继续跳舞?我们继续看下面的故事。

(三)大脚丫跳芭蕾非常美(10分钟)

1. 继续分享《大脚丫跳芭蕾》的后半部分，并适时提问

(1)故事看到这里，你们现在觉得贝琳达美吗?

(2)她的大脚丫还在呀，为什么大家现在会觉得她很美?而且有那么多人喜欢

看贝琳达跳芭蕾舞呢？

教师小结：贝琳达的大脚丫还在，但是一点都不会影响她的美。因为她热爱跳舞，跳舞的时候很快乐，她也就显得非常美。她跳的芭蕾舞本身也很美，给人一种艺术的美的享受。所以通过这个故事我们发现了，即使有一些小缺陷的人也能够很美，艺术也很美。我们身边有没有美呢？我们一起来发掘一下吧！

（四）身边有好多美（15 分钟）

1. 分组讨论：身边有哪些美？有没有让身边的人也感觉到美好？

（1）大自然的美

（2）艺术的美

（3）人物的美

（4）科学技术的美

2. 各小组代表分享观点

（1）每个小组派一位代表向全班分享讨论结果。

（2）请同学总结所有美的共同点。（如果不能回答，老师提示其思考是否都给身边的人带来了美好。）

（五）活动总结（2 分钟）

教师总结：通过今天的活动，我们发现身边就有很多美，有大自然的美，有身边人的美，还有歌舞等艺术的美，以及科学技术带来的美，这些美都有一个共同点，他们让身边的人感觉到了美好。所以，美不是自己一个人的事，只有让身边的人也感受到美好了才是真正的美。我们要善于发现美，并让自己也成为能够带给身边人美的感受的人。

（设计：杨川燕）

6.2 爱的保护伞

【活动名称】爱的保护伞

【培养品质】感恩

【活动对象】中年级学生

【学情分析】

如今的孩子很多都是独生子女，集万千宠爱于一身，在一些孩子的心中认为父母和他人对自己的关心、爱护和帮助都是理所当然的，大多“以自我为中心”，常常出现自私、冷漠和不懂得知恩图报的情况。人需要有一颗感恩的心，世界才会充满爱。针对当前孩子存在的这种现象，需要加强对学生进行感恩教育。

【课堂类型】班会活动课

【活动目标】

1. 通过这次活动让学生明白“保护伞”的含义，启迪学生去体会父母对自己的付出，学会感恩父母和所有帮扶过自己的人。

2. 能够联系实际，用自己的实际行动去感恩回报他人，从“伞下被保护的人”到自己成为他人“爱的保护伞”。

【活动重点】

让学生了解“爱的保护伞”的内涵。

【活动难点】

通过活动，学生能够对他人对自己的付出心怀感恩，并在日常学习和生活中努力常怀感恩之心，常行感恩之举，成为他人“爱的保护伞”。

【课时安排】1 课时

【活动准备】

多媒体教学课件、情景剧、爱心卡片、背景音乐。

【活动过程】

(一)诗文导入，直奔主题。(3分钟)

主持人1：请大家齐读冰心的《荷叶母亲》。

窗外雷声作了，大雨接着就来，愈下愈大。那朵红莲，被那繁密的雨点，打得左右欹斜。在无遮蔽的天空之下，我不敢下阶去，也无法可想。

对屋里母亲唤着，我连忙走过去，坐在母亲旁边——一回头忽然看见红莲旁边的一个大荷叶，慢慢的倾侧了下来，正覆盖在红莲上面……我不宁的心绪散尽了！

雨势并不减退，红莲却不摇动了。雨点不住的打着，只能在那勇敢慈怜的荷叶上面，聚了些流转无力的水珠。

我心中深深地受了感动——

母亲啊！你是荷叶，我是红莲，心中的雨点来了，除了你，谁是我在无遮拦天空下的荫蔽？

母亲啊！你是荷叶，我是红莲，心中的雨点来了，除了你，谁是我在无遮拦天下的荫蔽？

主持人1：读完之后大家有什么想说的？(请2个学生回答)

主持人2：是的，母亲是一把荷叶大伞，在急风骤雨中为儿女遮风挡雨。我们都在父母爱的保护伞下慢慢长大，而无论什么时候，他们总不会忘记爱我！请看视频。

(二)"小伞"传情，父亲寄语。(10分钟)

主持人2：在座的我们，都习惯于衣来伸手，饭来张口，很少顾及他们的感受，体会他们的辛劳。我们何曾为开货柜车外出的父亲提醒一句"注意安全"，何曾为加夜班的母亲好好揉过一次肩，又何曾为你的父母做过力所能及的家务？

主持人1：我们都把父母的付出视为理所应当，甚至还经常惹父母生气，让父母担心。慢慢学会了顶嘴，慢慢开始嫌弃父母的无知。你可知道，这些会让我们的父母多么伤心和难过啊！

主持人2：我们一天天长大，而他们却在一天天变老。不要等到他们老了我们才来感恩。父亲节就快到了，让我们也化身成一把把懂事的小伞，给敬爱的父亲道

一声感恩，送一句祝福的话语。(播放音乐)

主持人1：哪位同学想跟大家一起分享此时此刻想对自己父亲说的话？(请3位同学回答，简要评价)如：相信你的父亲已经收到你的祝福、相信你的父亲听到你的这番话一定会很欣慰……(音乐停)

主持人2：你们想说的话已经说了，大家想不想知道父亲有什么话想对我们说？今天我们很感谢有一位爸爸，作为四3班父亲的代表为我们送几句寄语。(播放视频)

(三)观剧明理，分辨对错。(10分钟)

主持人1："大伞"总是在默默守护着我们，但也有疲累也需要关心。那我们可以为父母亲做些什么呢？不妨先来看一段情景剧。

下午放学回家，小明拖着一副疲惫的身体回到家，往椅子上一坐，便没好声气地说："饭好了没有啊，我的肚子饿死了!"，妈妈在厨房里忙得不可开交，又是盛饭又是装汤的，丝毫不敢有半点拖沓，没一会儿，饭菜全部放在小明的跟前，刚吃第一口，小明又开始骂骂咧咧："这是什么啊，难吃死了！我要吃可乐鸡翅"，妈妈连忙解释道："今天妈妈下班有点晚了，没来得及做，明天再做给你吃好不好?""不，我现在就要吃!"妈妈一脸无奈，转身又向厨房走去，哐哐当当又开始忙活起来……

吃完晚饭，小明一撂下碗，就打开电脑玩起游戏来，妈妈洗完碗出来便问了一声："作业写完了没有?"，又招来小明的不耐烦："你烦不烦啊？每天就只记得问我作业写完没，我玩会游戏都不行，你知道我学习有多累吗?"妈妈只好默不作声地走开。这时刚好电话响了，是老师的电话："喂，是小明妈妈吗？小明这段时间很不在状态，上课经常走神，作业也完成得不好……"听着老师的这番话，妈妈心情愈发沉重，满腹愁容……而书房里却传来一阵阵电脑键盘的敲击声和小明的叫好声……

主持人2：大家一起说说，小主人公做得对不对？那你觉得应该怎么做？(请2个学生回答，简评)

（四）小组讨论，完善做法。（10 分钟）

主持人 1：除了刚才说的，我们还可以为父母做些什么？先独立思考，然后小组讨论，把做法列出来。

主持人 1：请每个小组派一名代表上台分享你们的做法。（老师贴卡片）

主持人 2：是的，感恩父母，不一定就是要做出多么轰轰烈烈的大事，为下班的爸爸端上一杯热茶，帮妈妈做力所能及的家务，认真学习，不让父母操心等也是感恩父母的行为。

（五）范围拓展，意蕴升华。（5 分钟）

主持人 1：回到我们这把爱的保护伞，你觉得他可以是父母，还可以是谁？你可以为他做些什么？（请学生回答）

主持人 2：是的，老师、警察、同伴甚至是很多我们不认识的陌生人，他们总是会在我们有需要的时候，化身为爱的保护伞，为我们的成长保驾护航，为我们的生活增添光彩。我们同样要对他们心怀感恩！

（六）教师总结，寄予希望。（2 分钟）

主持人 1：最后请老师为我们本节班会课进行总结。

师：大雨下起，正当你惊恐害怕时，天空飘来一把伞为你遮风挡雨，这是父母；遇到难题，正当你迷惑不解时，头上飘来一把伞给你指点迷津，这是老师。我们都习惯于做那个伞下被保护的人，但其实只要我们从我做起，从小事做起，常怀感恩之心，常行感恩之举，你会发现，你也会成为他人的荫蔽，成为他人爱的保护伞，当我们齐聚在一起，就能撑起一片和谐友爱的朗朗晴空！最后，让我们共同用行动去铸就一把爱的保护伞！

（设计：黄友强）

6.3 我生命中的“重要他人”

【活动名称】我生命中的“重要他人”

【活动品质】感恩

【活动对象】高年级学生

【学情分析】

这个年龄段的学生正处在青春期早期，自我意识增强，对自我的关注逐渐增多。同时，由于心理发展的不成熟性，对自我的认识还不够客观，有时会出现自我膨胀，以及不恰当的“全能感”。另外，这个年龄段的孩子从小受到父母及身边人的过度关注，容易以自我为中心，表现出自私、冷漠，忽视其他人的感受，不懂得珍惜和感恩身边的人。

【课程类型】心理活动课

【活动目标】

1. 学生理解生命中“重要他人”对自己的影响和帮助；

2. 有感恩的意识，并把感恩融入到日常生活中。

【课时安排】1 课时

【活动准备】课件、 A4 纸、 水性笔、 问卷《我所了解的 TA》、 背景轻音乐

【活动过程】

(一)导入(5 分钟)

1. 老师提问：如果让你一个人去一座孤岛生活一个月，你可以选择带上你身边的一个人，你会带上谁？为什么？

2. 学生可能回答：爸爸、妈妈、某个好朋友……

3. 小结：关于这个问题，我相信每个同学都有自己的回答，你选择要带上的那个 TA，或许本领大，或者技能强，又或者能给你安全感。总之，TA 是你生命中很重要的一个人，我们今天就一起来讨论这个课题——我生命中的“重要他人”。

（二）活动一：绘制生命树（20 分钟）

1. 活动要求：

（1）首先在 A4 纸上画一棵树，包括树干和树冠，尽可能大。

（2）树冠：树冠上画上苹果，左边用黑笔画上黑苹果，每个“黑苹果”代表记忆中“失败/让你有挫败感”的事；右边用红笔画上红苹果，每个“红苹果”代表记忆中“成功/让你有成就感”的事，并在树冠的旁边对这件事进行具体说明。

（3）树干：当你“成功或失败”时给予你支持和帮助的人，写下他们的名字（具体到人），并想一想如果给你一个机会为他们做一件事，你会做什么？

2. 组内分享：四人小组分享自己的“生命树”。

3. 班级分享：可以邀请 2~3 名同学在班级内分享。

4. 小结：我们的成长离不开生命中的“重要他人”，当我们面临挫折时，他们陪伴我们一起走过，当我们收获成功与喜悦时，也离不开他们的一份支持和鼓励。

同学们，对于我们生命中的“重要他人”，我们了解吗？

（三）活动二：我所了解的 TA（10 分钟）

1. 活动要求：每人填写问卷《我所了解的 TA》（可选择其中 2 人填写），同时播放背景轻音乐。

2. 问卷内容：

我所了解的 TA				
	爸爸	妈妈	朋友：×××	其他：×××
生日				
最爱吃的食物				
兴趣爱好				
（年轻时的）理想				
最得意的一件事				
最后悔的一件事				
最大的优点				
最大的缺点				

3. 分享：你了解他们吗？活动让你有什么感受？

（四）活动总结（5分钟）

同学们，今天的活动让我们了解了在我们每个人的生命中，都有着自己的“重要他人”，他们可能是父母，也可能是老师、朋友等。因为他们的存在，我们的生活变得多姿多彩；也因为他们的存在，总是让我们在黑暗中苦苦挣扎时看到一丝光明，带给我们希望和方向。我们要感恩他们的存在，去了解、去陪伴、去成为他们的“重要他人”。

另外，请大家课后继续完成问卷《我所了解的TA》的其他部分，相信你在用心了解一个人的同时，能发现不一样的精彩。

（设计：吴曾艳）

6.4 浇灌希望之树

【活动名称】浇灌希望之树

【培养品质】希望

【活动对象】高年级学生

【学情分析】

学生即将告别小学生涯进入初中，在这个充满变化的转折点上，学生可能会对未来产生迷茫的感觉。面对未知的前方，要克服对未来的恐惧，学生需要有坚定的理想和目标，对未来充满希望。因此，通过活动让学生树立自己的目标，有助于学生的成长，让希望之树在学生的心中生长。

【课堂类型】心理活动课

【活动目标】

1. 学生感到对未来充满希望和想象，对未来怀有积极美好的情感。

2. 使学生对未来有具体的长期目标和短期目标，并掌握切实可行的方法去实现目标。

【课时安排】1 课时

【活动准备】

视频《破土而出的树苗》、“我的希望之树”工作纸。

【活动过程】

(一)导入环节(5 分钟)

播放记录片中树苗破土而出的快镜头。

教师提问：同学们在视频中看到了什么？

展示生长在恶劣环境或非适宜地点的树木图片，如在绝壁上、水泥地裂缝中、楼房的墙上、干旱沙漠里生长的树。

教师提问：同学们在图片中感受了什么？是什么力量让树木在绝境中也能生长？假设你是那棵树，你是否能够茁壮生长呢？

引出课题——希望之树。

(二)我的希望之树(12分钟)

教师引导：我们每个人心中都有一棵希望之树，而希望之树上结的果实正是我们的目标，是我们每位同学属于自己的追求。

每位同学领取一张“我的希望之树”工作纸，在树上的苹果中填入自己未来的目标，在较低的苹果中写上近期目标(如一年内)，在较高的苹果中写上自己的长远目标(如五年后、十年后)。

教师引导学生思考自己的人生目标是什么，并按照设定的时间填写在适当的苹果上。

全班同学写完后，请三至四名同学分享自己在苹果中写下的目标。

(三)灌溉希望之树(18分钟)

1. 我为自己的希望之树浇水

请同学们想一想，想要实现自己的目标，现在的我们可以做些什么努力呢?

请同学们在工作纸的其中3个浇水壶图案上写下来：我们现在应该怎么做来达成自己所设定的目标。

2. 我为别人的希望之树浇水

每四名同学为一个小组，每名同学在组内轮流分享自己写下的目标果和努力壶。每当一名同学发言后，组内的其余三名同学要分别给发言的同学想一个方法，来帮助这位同学达成自己的目标。

教师小结：同心协力齐浇灌，互帮互助长得快。

(四)总结环节(5分钟)

教师提问：在这节课上，同学们都给自己定下了目标，将自己的“希望之树”补充完整了。那我们要实现自己的目标，有哪些方法?我们可以做出哪些努力呢?

请学生回答。

教师总结：通过这堂课，同学们知道了我们都要有远大的理想和切合实际的目标，并且，我们也要为实现自己的目标而做出努力。老师希望同学们能牢记今天你为自己定下的目标，并且作出实际行动，为自己的希望之树浇水灌溉，早日实现自己的人生目标!

(设计：李洁仪)

6.5　困境存希望

【活动名称】困境存希望

【培养品质】希望

【活动对象】高年级学生

【学情分析】

学生进入五、六年级，学习的压力增大，有时难免会遇到困难与失败，体会到挫败的情感。学生需要有不放弃希望的坚定信念，相信当遇到不顺利的事情时，问题总会得到解决，对未来有积极乐观的心态。同时，五年级学生对教师、家长仍有依赖感，要培养学生独立思考解决问题方法的能力。

【课堂类型】心理活动课

【活动目标】

1. 使学生了解在学习生活中遇到困难是正常的现象，不必悲观绝望，要心怀希望和积极的态度去面对困难。

2. 当学生遇到困难后，能积极主动地寻找解决的方法。

【课时安排】1 课时

【活动准备】

视频《失去双手的最美女生》、歌曲《希望》、“困境卡”若干张。

【活动过程】

（一）热身游戏（7 分钟）

教师组织学生进行“小鸡进化论”游戏。

游戏规则：进化过程为鸡蛋——小鸡——凤凰——猩猩——人类。游戏开始时，全部学生蹲下抱膝作为鸡蛋，相互找同学两两一组进行猜拳，赢的同学进化为小鸡半蹲。由第二轮开始，两名层次相同的同学进行猜拳，赢者进化到高一层次，输者就要降低一层次。进化成人类者顺利通过游戏。游戏共进行四轮猜拳。

教师提问：顺利进化成人类的同学有什么感受？

仍然是鸡蛋的同学有什么感受呢？

教师小结：顺利进化成人类赢得游戏的同学是少数，大部分同学还在进化的路上挣扎着。也有同学表示，自己在游戏中一次也没有赢过，或者只赢过一两次，总是被困在鸡蛋里无法进化，感觉到很挫败。是的，当我们身处于不如意的情境中时，很容易产生挫败的感受，对当前的事物或是对生活失去信心和希望。

(二)假如我失去双手(8分钟)

教师展示一张没有双手的婴儿照片。

教师提问：请同学们想象一下，如果照片中这个不幸失去双手的婴儿是你，你有什么样的感受呢？你觉得你的人生会变成什么样子呢？

学生分小组讨论和分享：失去双手后，我能做到的事和我做不到的事。

教师播放视频《失去双手的最美女生》，学生观看并对比，有哪些小组认为失去双手后无法做到的事，视频中的女生却成功做到了。

(三)困境存希望(20分钟)

教师引导：人生之路很漫长，我们会经历许多困境和苦难，也许在小学阶段的我们还很幸运，并没有遇到像刚才视频中失去双手的女生所遭遇的困境。但有时我们也会感觉到艰难和无助，仿佛陷入了绝境，又或者我们会对未来可能遭遇的某些经历产生恐惧。如果你曾有或正经历这样的想法，请把你心中的困难写下来，我们全班会成为你坚强你的后盾，帮助你想出解决的方法。

每名学生领取一张“困境卡”，匿名在卡上写下心中的困境，并投入纸箱。

教师于纸箱中随机抽取“困境卡”，读出同学写下所遇到的困难，请全班同学来想出解决的办法，帮助这名同学走出困境，体验到即使是困境，也仍有希望存在。

(四)活动总结(5分钟)

学生分享本节课的收获。

教师总结：我们在学习生活中难免会遇到困难，但只要心存希望，定能突破困境，冲向远方！

(设计：李洁仪)

6.6 幽默的艺术

【活动名称】幽默的艺术

【培养品质】幽默

【活动对象】高年级学生

【学情分析】

五、六年级学生正处在青春期阶段，情绪比较急躁，比较自我中心，在人际交往中往往会由于玩笑话等造成不必要的误会。因此，对学生进行人际交往中的技巧的学习是有必要的，而幽默又是其中的重要部分之一。

【课堂类型】心理活动课

【活动目标】

1. 通过视频播放、案例分析，了解幽默、体会幽默带来的情绪感受。

2. 营造情景，让孩子们学会用自嘲、滑稽、俏皮、笑话等方式逗大家笑，同时善于有分寸地开玩笑，但绝不嘲笑、侮辱、戏弄他人，也不是攻击性幽默。

【活动重点】

了解幽默、体会幽默的“双刃剑”性质。

【活动难点】

使学生明白在人际交往中如何有效的使用幽默。

【课时安排】1 课时

【活动准备】

多媒体教学课件《憨豆先生》的视频一段，纸箱一个。

【活动过程】

(一)活动导入(10 分钟)

1. 放松训练：同学们，今天老师给你们带来一段放松练习：微笑、哈哈笑和狂笑，大家根据我的口令做出相应的回应。

2. 说一说：大家说说做完放松训练的感受，微笑和哈哈笑等之间的差别。

3. 小结：笑总能帮助我们放松心情，生活中幽默就是引发笑声的源泉之一，它是我们学习生活中的一份调味剂，也是智慧的一种表现，那如何有效的和幽默打交道呢？我们一起进入今天的课题《幽默的艺术》。

(二)活动过程(25 分钟)

1. 幽默的魔力

(1)播放一段《憨豆先生》的视频，让大家谈谈看完视频之后的感受，了解幽默的积极作用。

(2)案例分析：客人听后会有什么反应，主人的说法恰当吗？

(案例：在某俱乐部举行的一次招待会上，人员拥挤，场面非常宏大、热闹。服务员端酒时，为了躲闪过往的人，不慎将啤酒洒到几位宾客的头上。服务员吓得手足无措，全场人也目瞪口呆。这时，主人为了缓和气氛，消除尴尬，故作幽默地说："呵呵，人家不说常用啤酒洗发香波嘛，我们这啤酒，对头发保养可极具功效呢。"谁知一语既出，在座的一位宾客勃然大怒。这位客人年过四十，头发几乎秃了一半，平时最忌讳别人谈到头发的问题。)

(3)小结：幽默通常能使人摆脱坏心情，喜欢说笑话或讲有趣的故事，总是很愉快，善于打破沉闷，使气氛变得很有趣。但是在我们的生活中，也会有些时候并没能掌握好分寸，导致攻击性幽默。那如何有效的和幽默打交道呢？

2. 幽默百宝箱

写一写：请同学们根据以下情景，写出如何利用幽默的手段来安慰失落的明明，并投进幽默百宝箱中。

听一听：老师任意抽取百宝箱中的建议读给同学们听，并通过举手来评出恰当的幽默手段。

(情景：明明是校羽毛球队的一名队员，平时刻苦训练，在队里取得不错的成绩。这次代表学校参加市里的羽毛球比赛，可是信心满满的他没有拿到任何名次。)

(三)活动总结(5 分钟)

1. 请学生自愿分享本节课的感受。

2. 老师总结：在本节课中，我们感受到了幽默大师憨豆先生的幽默，他的影片想必给大家都带来了不少欢乐，但是呢，幽默也是一把双刃剑，有时会弄巧成拙，非但没有解决问题，反而使情况更尴尬。希望大家通过刚刚“幽默百宝箱”的练习，在生活中能够巧妙的利用幽默来改善人际关系，做一个有智慧的人。

（设计：王丽霞）

6.7 做一个幽默的人

【活动名称】做一个幽默的人

【培养品质】幽默

【活动对象】高年级学生

【学情分析】

小学高年级的学生处于青春期的初期，比较注重人际关系，特别是同伴关系的建立。但是在同伴交往的过程中，情绪也会陷入一种不稳定的状态，青春期的学生容易冲动，且激动，有时甚至大打出手，而幽默在人际沟通中会是一种很好的润滑剂，是一种智慧的处事风格，能轻松的化解尴尬和冲突，化干戈为玉帛，增进沟通和交流，让你成为受欢迎的人，故特设计此节课。

【课程类型】心理活动课

【活动目标】

1. 通过视频等案例的展示，让学生了解幽默的一些具体形式，感受幽默的魅力。

2. 通过讨论和情景再现，让学生掌握恰当的幽默方式，并能运用在人际交往中。

【课时安排】1 课时

【活动准备】

两个箱子、便签纸、课件 PPT

【活动过程】

(一)热身活动——鸡同鸭讲(7 分钟)

规则：准备两个大箱子放在讲台上，每位同学发一张便签纸。一二大组每位同学在纸上针对某个动物写下一个问题(以“为什么”开头)，比如：为什么兔子的尾巴那么短？写完后放在第一个箱子里面；而三四大组每位同学随意想一个答案(以“因为”开头)，写在一张纸上，放在另外一个箱子里面。老师随机点积极参与的同学上来，抽一张“问题”纸和一张“答案”纸，并连在一起读出来(为什么……，因为……)，体验“鸡同鸭讲”的乐趣。

总结：热身活动主要是通过活动的体验，让同学们放松，也引导大家慢慢的做好开始上课的准备，并顺势引出今天的讲课主题——《做一个幽默的人》。

(二)畅谈幽默、加深了解(15 分钟)

1. 幽默的具体形式

(1)热门的网络综艺《吐槽大会》，以一种幽默轻松的方式调侃、表达对某人或某事的看法。(现场播放其中的一个片段)

(2)利用表面毫无逻辑关联的语言和肢体动作，使人们有滑稽的感觉即通过模仿来使人们感到滑稽。(现场播放一段“无厘头”的搞笑视频)

(3)想想，除了以上的例子，还有哪些形式能够表现幽默呢?

总结：从心理学角度剖析，幽默是一种绝妙的防御机制。主要的形式有：脱口秀、动作、滑稽模仿、笑话、相声、讽刺性漫画和故事等，时刻发生在我们身边。

2. 结合刚刚的幽默案例，大家讨论观看之后的感受(幽默的作用)，每组派代表发言。

总结：幽默在人际交往中不仅能减轻压力、能使人舒适、放松、拉近人际距离，而且能提升免疫系统，更加乐观，所以做一个幽默的人是很有必要的。

(三)利用幽默，加强沟通(15 分钟)

在生活中，我们会遇到一些小麻烦和小尴尬，如果你能用“幽默”来解决，不仅能解决问题，还能增强你的人际关系哦，我们一起来练习一下吧！(出示如下情景，让学生头脑风暴，并选择最适合的方法。)

模拟情景 1：班上有位品学兼优的学生小花，她在这次数学测试中没有达到自己想要的成绩，于是闷闷不乐的，集体活动也不是很想参加，整个人低落了许多。如果你是小花的同学，你该如何利用“幽默”安慰她呢?

模拟情景 2：在语文课上，小华不小心将李白的诗句“两岸青山相对出，孤帆一片日边来”说成是杜甫的，全班同学起哄，小华感到很尴尬，如果你在现场，你该如何利用“幽默”来化解小华的尴尬呢?

总结：幽默的方式有很多，用得恰当会有种“四两拨千斤”的感觉，这是一门学问，幽默不同于“恶作剧”，是不会伤害到他人的，所以如果你能在生活中恰当的使用幽默，这会让你的人际关系更和谐。

(四)活动总结(3分钟)

1. 学生谈收获。

2. 教师总结。

(设计：王丽霞)

6.8 坚定信念的力量

【活动名称】坚定信念的力量

【培养品质】信仰

【活动对象】高年级学生

【学情分析】

高年级学生已经初步建立了一定的世界观、人生观和价值观。但是这些观念还未成熟，比较稚嫩。在本阶段对学生进行正向的价值观引导，培养他们对生活的积极信念，非常重要。

【课堂类型】班会活动课

【活动目标】

1. 通过一系列活动让学生深刻体会到通过努力一定能获得进步。

2. 培养学生对生活的积极信念，树立人生理想和人生目标。

【活动重点】

让学生在活动中感受信念的力量，树立积极正确的价值观。

【活动难点】

在实践中使学生发挥信念的力量，相信生命是有目的的。

【课时安排】1 课时

【活动准备】

1. 制作红军万里长征视频剪辑。

2. 每个小组事先收集名人名家的先进事迹。

3. 一箱苹果、若干吸管、一面“信仰墙”、若干彩纸与彩笔。

【活动过程】

(一)感受信念的力量(10 分钟)

活动(插苹果游戏)

主持人：同学们，你们猜猜，吸管能插进一个苹果里吗？(主持人拿出一个苹果和一只吸管进行演示)，认为能插进去的请举手？

这时发现，大部分同学持怀疑态度，此时给每个小组分发苹果和吸管，进行插苹果游戏。

教师事先在每组选出 1 名现场观察员，观察员的任务是：

1. 给学生指导如何将吸管插入苹果中(关键是动作要快速，并且将所有力量集中在一个点上)。

2. 提醒督促各个小组保持教室整洁，不随意扔吸管。

活动结束后，每组派一位成功代表上台分享心得。

学生可能会分享以下几点心得：

学生 1：信念能带来无穷的力量，把不可能变成可能。

学生 2：这世界上有很多看上去不可能的事情，例如将柔软的吸管插进坚硬的苹果中，但只有实践才能出真知，我们不能被事物的外表所蒙蔽。

学生 3：我一开始插不进去，但看到别人能做到，我相信自己也一定可以，最后我也成功了呢！

最后，主持人提醒每位同学将自己的苹果保管好，不可浪费丢弃。

教师小结：为什么柔软的吸管能插入坚硬的苹果中？那是因为吸管将所有力量集中在一个坚硬的点上，从而获得成功。刚刚老师也细心地观察到：第一次就能把吸管插进苹果的人很少，但后面越来越多的同学都成功了，这向我们证明：做任何事要坚信自己一定可以！即使第一次失败了，继续尝试，一定会成功的！正如格言所说：只要有恒心，铁杵磨成针。

主持人引出班会主题：坚定信念的力量

(二)探索信念的力量(15 分钟)

1. 看一看：观看红军万里长征的视频剪辑。

2. 议一议：红军抱着什么样的坚定信念成功完成万里长征(具体阐述)

3. 说一说：每组同学介绍一个课前收集的名人名家先进事迹。

4. 悟一悟：学生分组谈论感受(让学生从不同事迹感受信念带来的力量)

教师小结：古今中外，信念给人类带来的力量是无穷的，红军二万五千里长征，是坚定“共产主义好，革命必胜”的信念，那我们身边是否也有人获得来自信念的力量呢？

(三)发挥信念的力量(10分钟)

1. 找一找：学生说出身边或自身因为坚持信念而成功的事例。

2. 议一议：这些学生是如何在实践中发挥信念的力量呢？

(例如：某某同学坚信自己数学考试一定能通过努力达到80分，他通过不懈的努力最后成功达到了自己的目标。)

教师小结：同学们，通过刚才的分享环节，老师感受到了你们坚定的信念带来的巨大力量，请把你们的信念写下来，把力量传递给身边的每一位同学，并以此不断激励自己吧！

(四)我的信念墙(5分钟)

每人发一小卡片，书写自己的信念，最后统一张贴在“信念墙”，学生互相分享自己的信念，海纳百川。

(设计：叶翠华　林映)

Ⅲ 教育故事篇

01

“顽石”也有柔情

一个下午的眼保健操时间，我从五年级的教室走廊经过，看到眼前的一幕：五(2)班一位男同学气冲冲地冲出教室，班级上课的老师跟出来拉住他，劝阻他，他看起来无比愤怒，眼睛噙满泪水，执拗地推开老师的手，并且还把老师的手掐伤了。老师无奈地看着固执的他，僵持着，老师不能轻易地松开手，担心他一时冲动不知会做出什么事。我赶紧走上前，简单了解了情况：课堂上一个同学不小心弄坏了他的东西，他大发雷霆，要攻击对方，老师及时制止。他不能控制自己的情绪，不顾老师的劝阻，愤然奔出教室，老师为他的安全着想，跟出教室拉住了他。我用双手抚慰他的双肩，他没有继续挣脱，任课老师也松开了手，我们站在走廊上，时间也似乎定格了，一动不动。为了打破僵局，我示意任课老师先回教室管理班级学生，我来介入辅导这位学生。我请他到心理辅导室休息，他一开始不肯，后来在我耐心的引导下，轻轻地推着他，终于走进了心理辅导室。

心理辅导室里的他站在那里，依然紧握双拳，眉头紧蹙，眼噙泪水，从他的神态中我感受到孩子心中解不开的结。我给他倒了一杯水，请他坐在沙发上，并且试着跟他聊天，他都不予理睬，仍然僵持地站在那里，一言不发。我该如何打破僵局呢？

我想起了一则小故事《煮软了石头再来》，这是清代名医傅青主的故事。一次傅青主家来了满脸愁容的男子，为妻子求治。据来者说，他和妻子婚后相敬如宾，恩爱甜蜜，几乎从未红过脸。前些日子，因事发生争吵，过后，妻子就得了病。原以为其妻只是一时不乐，无甚大碍，岂知病况日重以至卧床不起。郎中请了多位，药剂服过不少，身体却不见好转。他实在没了辙，特意来求助名医傅老先生。傅青主听罢患者家属主述，又详细问了一些情况，似已摸清症候。他步至堂前院中，在院中拾得小石一块，又回到堂中，郑重其事地将石子交给来者，说这是他专为医治其妻之病选取的药引，要男子回家耐心守候着用火煮软，再来取方抓药，并再三叮嘱：煮时，火不得熄，水不得断，否则，这石头煮不软，做不了药引，没有药引，其妻之病怕是任凭什么药也难以奏效。盼爱妻病愈心切，这位男子回到家中便在病榻边生起小炭炉，文火煮石。一天，二天，三天，一连数日，通宵达旦，添水加炭，眼都熬红，也不敢稍事休息。其妻被他的精神感动，竟支撑着离开病榻，代夫煮石，并催丈夫去问医生，如何方能煮软石头。男子不敢马虎，又一次急匆匆地赶至傅府求教。岂知傅老先生听说病妻已下榻代为煮石，高兴地笑了。他对男子说："你回家去吧，尊夫人的病已经治好了。石子是没法煮软的，可是，因争吵在她心头郁结而生的疙瘩，已被你的一腔至诚给化解了。"

这位清代名医傅青主之所以有效治愈了心病，主要是通过感召内心激情消除心头不快，从问题源头上施治，相当于积极心理健康教育治本之略。我面前的这个孩子不正像一块没有经过雕琢的"顽石"吗？他需要陪伴、理解、信任与尊重。于是，我把他带到沙盘游戏区，看到细软的沙盘和琳琅满目的沙具，他的眼神有了一些光亮，他被吸引了，我成功地转移了他的注意力，他从刚才暴怒的情境中转移到了沙盘游戏中。首先，我引导他放松心情，将双手放入沙中，深入体会安全、自由的感觉；其次，我引导他想象沙盘是自己的专属空间，将沙子想象为陆地海洋等景象；然后，要求他选择人物、动物、植物、房子、交通工具等沙具放入盘中；最后，要求他为自己的"作品"命名。全过程中，我对他进行舒缓引导陪伴，他终于开口说话了，和我有了语言的交流。他描述了刚才在班级发生的事情，过程基本跟老师描述的差不多，他也表示自己的举动有些过激，但他总是控制不了自己，我安静地听他讲述，没有过多的去干预，在他对自己的行为有所察觉时我会表示赞赏，并告诉他下次再遇到类似的事情可以先忍耐一下，然后来找我倾诉，也可以对这宣泄模具宣泄一下自己的情绪，他同意这样试一试，放松的离开了心理辅导室。看着他轻松离去的背影，我想，我取得了他的信任吗？他还会来找我吗？

我向班主任老师了解了他的家庭情况，他是单亲家庭，跟爸爸一起生活，爸爸忙于生计，陪伴他较少，他的性格有些内向，与同学交往时往往因为一些小事发火，对同学有攻击行为。不与老师交流，当老师劝导时，总是沉默不语，情绪激动。通过与爸爸的沟通，我了解到孩子在家里不服从爸爸的管教，经常发脾气，爸爸也管不了。

家庭问题是孩子心理问题的主要来源，读懂孩子的心思，让孩子学会面对挫折、疏解压力，是孩子成长的必然途径。我期待他能够信任我主动来寻求帮助。

两天后的一个课间，他轻轻地走进心理辅导室。他怯怯地环视着心理辅导室，期待我温和的话语与欢迎。我看到他，非常高兴，连忙起身跟他打招呼，他的脸上掠过一丝笑容。我问他这两天过的怎样？他腼腆的说：“还可以。”我说：“我这里随时欢迎你来喔。”他看起来心情不错，主动走到沙盘前。我告诉他可以按照自己的想法任意摆放沙具，他才拘谨地玩起沙盘游戏。这时，上课铃声响了，他赶紧往教室走，临走时还有礼貌的跟我说：“老师，再见！”

接下来的几个星期他都会在课间的时候，出现在心理辅导室，我仍然热情地接待他，问问他的近况，他还是在心理辅导室看看这个，摸摸那个，就走了。

我向班主任老师询问他的情况，班主任老师说他近一个月以来没有和同学们发生大的冲突，小的冲突有，但没有像以前一样情绪激动，反应强烈，也没有发生对同学的攻击行为。看到“顽石”的行为方式在一点一点的改变，我的陪伴、理解和尊重起到了作用。

后来一段时间，“顽石”经常来心理辅导室，还喜欢上了心理书籍，经常来我这里借书看，而且都能准时的归还。他越来越信任我，主动要求参加我的心理社团，他创作的“心理手抄报”受到了同学们的一致好评。他行为的改变收获了同学们的接纳与赞许，慢慢的还交了几个好朋友。

不知不觉中，“顽石”已经上到六年级了，“顽石”慢慢长大，就要小学毕业了。一天，我走进心理辅导室，看到我的办公桌上放着一张精致的贺卡和一支康乃馨，我拿起来一看，原来是“顽石”送给我的，上面写着：敬爱的老师，祝您永远健康、快乐！收到“顽石”的礼物，我心里洋溢着满满的幸福。“顽石”不再是一块坚硬不化的石头，“顽石”也有暖暖的柔情。

“顽石”小学毕业了，他特意来和我加为 QQ 好友，他希望我还能继续陪伴他，我欣然接受了。他顺利地进入了理想的中学就读，遇到问题还会和我 QQ 联络，我总会帮助他树立信心，鼓励他勇敢前行。“顽石”也会经常关心我，问候我，我再也不能把他看作用“顽石”了，他现在是温柔的小绅士。

（沈予）

02

“飞”回来的50元钱

周二下午，我照例像往常一样走进教室准备上课，看见全班同学都安安静静地在看书，心里顿感一丝欣慰。突然，小叶同学神色慌张、眼泪汪汪地跑到我跟前说：“安老师，我的50元钱丢了。”我赶紧把她带到教室外面，仔细询问起来：“你先别着急，跟老师说说到底怎么回事呢？”“今天早上，妈妈给我200元交秋游的费用，我交了150元，您找回给我50元，我放在书包里，中午忘了带回家，下午一到教室后，就发现钱不见了，这怎么办呀？”她伤心地说着。孩子说得没错！早上我确实找给她一张崭新的50元票子，并叮嘱她把钱带回家交给家长。“叶子，我们再去书包、抽屉里好好查找一下，会不会夹在哪本书里了？”我和她一起走进了教室。我们把书包里里外外仔细翻找了几遍，每一本书页都查看了，桌子上上下下及周围都看了，还是一无所获，钱真的不翼而飞了，咦！到底是谁拿走了她的钱呢？接着，我在班级询问：有没有同学捡到了钱？同学们今天有没有丢失东西，有没有其他班级午托同学到我们班，大家都摇摇头说没有。

中午写字课后是一节体育课，同学们都排好队去上课了，我请叶子同学留下一会儿，再次向她了解情况，“今天早上，班上有哪些同学知道你有50元钱的？”她想了一会儿，说出了大概七八位同学的名字。从她提供的同学名单中，我一一作了分析，其中有一个小浩同学引起了我的注意，因小浩同学在低年级时，曾经有几次拿过同学的笔、尺子、涂改带等小东西，被老师教育过，并找过家长的，而且他中午是在学校午托的。经过一番思索，我决定单独找他聊聊，探探情况。体育课后，我在操场上找到他，带他到一僻静处，说：“小浩，老师有点事情想找你帮忙，好吗？叶子的钱丢了，现在她很着急，你愿意帮助她找吗？”“愿意呀！”他一口答应。“好哇！你真热心，愿意帮助同学，谢谢你！她的钱是中午不见的，会是谁拿的呢？你去教室里帮小叶找，如果找到了钱，老师还会表扬你呢!”我注意观察了他一下，发现他的眼睛左右迷离，显然有点不自在，我心里暗暗有了主意。

第二节课是全校练习广播体操，结束后，一直没有等到小浩的消息。快要放学了，我在班级召开了一个临时会议，我对全班同学说：“同学们，今天下午叶子同学的50元钱找不到了，她很难过，我帮她找了很久没找到，老师现在也很着急，叶子丢了钱，回家后妈妈可能会责怪她，大家说该怎么办呀?”安静的教室顿时骚动起来，大家小声议论着：谁那么缺德，居然拿同学的钱？一时间，大家纷纷猜疑，有人坦然地看看左右，有人若无其事地左顾右盼，有人仿佛忐忑不安，不时低下头，有人环顾四周，不解地耸肩摇头，有人气愤不已，和同桌激烈地交谈着……“大家安静一下，”我说，“50元钱并不多，可是叶子同学的家庭并不富裕。她的家庭状况我很清楚，她家五口人，有爸爸妈妈、还有四岁的妹妹和一个两岁的弟弟，妈妈没上班，常年在家照顾孩子忙家务，全靠她爸爸一人在外挣钱供一家人的生活，很不容易啊！据我所知，叶子的弟弟妹妹体弱多病，今年暑假期间住了两次院，花了不少钱呢！同学们，叶子的钱弄丢了，她回家怎么交代呀？大家快想想办法吧。”这时，好几个同学自告奋勇举手了，一名同学说不要告诉妈妈钱丢了，就说钱花掉了，一名同学说：让小叶告诉妈妈钱借给同学了，另一名同学说回家拿50元钱给叶子，大家纷纷出主意。其他同学听了直摇头，大家认为不能欺骗家长，要实话实说。可是讲实话说自己弄丢了钱，家长一定会责罚她的，有些同学为此担忧。

“孩子们，你们说得真好！撒谎是一种不诚信的错误行为，作为一名小学生，诚实守信是一种美德，一个人的良心与道德品质是无论多少金钱都买不到的。50元钱对于一个富裕的家庭来说不多，但对于一个拮据的家庭却很珍贵，可以买很多家庭需要的东西，50元钱能买几十斤大米、几十个作业本，几十支铅笔，几十块橡皮！大家将心比心，如果你丢了钱，也会跟小叶一样多难过呀！钱是在教室里丢的，放学后我们做值日时仔细找找，说不定会有奇迹出现呢！哪些同学放学后愿意做值日卫生呢?”我环顾教室一周，发现班上好多小手举得高高的，其中小浩同学的手也举起来了！我点名留下了小浩在内的四名同学打扫卫生，组织其他同学排队放学了。

教室里，几名同学在认真地做值日，有的擦黑板，有的扫地、有的提水，我走进办公室批改作业，一会儿，教室里传来了好消息，一名值日生兴奋地边跑边喊着：“安老师，钱找到了！找到了！”，我迫不及待地跑进教室一看，孩子们拿着找到的50元钱欢呼着，奇迹真的出现了！50元钱“飞”回来了！捡到钱的同学告诉我那张50元纸币折叠得四四方方，正好压在小叶的桌子下面四个角的一角上，紧紧地压在下面，不挪动桌子很难发现。我嘴上说：太好了！瞧！钱被风吹掉了，原来压在桌子角下面了，哈哈！谢谢同学们！你们真细心！其实我心里很明白：是小浩同学悄悄放在那里的，今天他知错改错的行动给了我一个大大的惊喜。

苏霍姆林斯基说：“教师要像对待荷叶上的露珠一样，小心翼翼地保护孩子的心灵。晶莹透亮的露珠是美丽可爱的，却又是十分脆弱的，一不小心露珠滚落，就会破碎不复存在”。我庆幸自己今天的做法是对的，因为我呵护了一颗童心。小学生本就是一个儿童，难免会犯一些错误，但是他们的心灵是脆弱的。对孩子进行换位思考教育，当孩子犯错的时候，可以给孩子说说因为他的犯错而给别人造成的影响，如果是你的话，你希望别人对你照成这种影响吗？通过这种换位思考的方式很容易就会让孩子接受，同时我们应发扬学生的个性，给孩子创造改正错误的机会，并巧妙地化解学生的错误行为！

我们每一名教师承担着教书育人的光荣使命，在孩子们成长的过程中起着引导和塑造的神圣职责。作为一名教育者，我们需要“用智慧去读懂每一位孩子”。能以宽容之心对待学生，不仅维护了学生的自尊心，给了学生反思自己行为的时间和悔改的余地，而且能表现出教师的宽大胸怀和巨大智慧，也必然会赢得学生的信任和拥戴。

（安艳）

03

—

批评教育中的暗示艺术

小学是孩子们初步形成人生观、世界观、价值观的时期。学生对世界刚开始有朦胧的认识，他们不可能自发地意识到规则、学习是何等的重要。而小学教师在重视学生成绩的同时又往往过多地约束学生，大都是在学生犯错误时严加“管教”。也许有些老师认为批评学生是老师的“特权”，于是板着面孔，居高临下，出言不逊，不分青红皂白训斥一通，致使学生幼小的心灵受到伤害。被批评的学生很可能产生逆反心理，不求上进，破罐子破摔，严重者甚至离家出走，给学校教育带来负面影响。当然，有些顽童屡教不改，严厉批评还是必要的。但我认为在绝大多数情况下，批评还是应当采取和风细雨，旁敲侧击，母爱式的，给学生以鼓励，这样学生易于接受，乐于遵从，会收到事半功倍的效果。在教育学生时，我们可巧用暗示和无批评教育。

儿童心理学家认为，大约 90% 的儿童身上的所谓淘气，只不过是当他们不能用任何别的方式得到需求的关注时所表现出来的寻求“注意”的某种方式。学生的身心正处于迅速成长期，可塑性强，稳定性差，心理较为脆弱，这都需要教师正确的诱导和温暖的鼓励。诚然，批评是让学生意识到错误并帮助他们改正的一种方式，但批评的反面作用极易扼杀自信。有时仅仅是教师不经意的一言一行，也会在很大程度上挫伤学生的自尊。

有两件小事给我留下了很深的印象。有一次，中午放学，我正在组织班上同学排队，忽然听到后面砰的一声响，回头一看，是排在后面的大个子杨磊踢了一下摆放在校道上的警示铁牌。这个警示牌是雨天的时候才摆放出来的，提醒大家走路小心，注意雨后道路湿滑。我赶紧走到杨磊跟前，本来想训斥他几句，但是看见他有点紧张，头低垂下来，知道他自己已经意识到做得不对，就静静地看了他几秒钟，在他身边轻轻地说："不可以破坏公物，要爱惜，你刚才踢了一下是不对的。这些道理老师平时讲过，你是知道的。"他听了以后点点头。后来，又是一个下雨天，放学排队再次经过警示牌的时候，我在前面领队，听到站在后面的杨磊对身边的同学说"大家绕过去，不可以踢牌子的！"以后班上再也没有发现哪个学生故意调皮捣蛋去踢警示牌了。

还有一次，中午练字时间大家都在安静地写字，忽然我看见李家良偷偷俯下身体，不知他在干什么？我慢慢走过去，一看，原来他把一些废纸巾推到前面同学的脚下。他抬头看见我在看他，吓得满脸通红，我摇头示意他这样做得不对，再用眼神示意他把纸巾捡起来。课间休息的时候我小声地对他说："不可以乱丢垃圾，更不可以把垃圾丢到同学那里，这是不对的，要改！"之前每天下午打扫卫生的时候，我都发现李家良同学附近那块地方有特别多垃圾，课堂也多次提醒大家要讲文明，讲卫生，不要乱丢垃圾。但每次搞卫生，还是能看见不少垃圾。后来那块地方再也没有发现乱丢的垃圾了。

从这两件小事，我体会到每当孩子做错了事，成人先不要忙于责骂，应该先给孩子足够的时间作自我检讨，自我批评。孩子做错了事，他心里清楚得很，自己认识到错误而改正，肯定要比被骂一顿，被迫改正彻底得多。如果大人先哇啦哇啦地数落孩子一顿，也许孩子会想，反正挨了一顿骂，打平了。那么原先犯的错误以后不一定能改正。

苏霍姆林斯基说，人类有许多高尚的风格，但有一种高尚的风格是人类的顶峰，这就是人类的自尊心。心理学也经过实验认为，人心都是向上的，都是不甘落后的，天真活泼的小学生更是如此。事实证明无批评教育具有一种神奇的力量，它具有别的方法所不能替代的作用。

课堂上，如果学生的热情很高涨，无法安静下来，我就表扬学生中做得很好的同学，班上很快就能安静下来。和学生在一起的时候，如果发现哪个同学做得不够好，我会先用眼神示意他，如果他还不改，我就表扬班里做得好的学生，说他是怎样的认真听课，积极回答问题，真棒！那么我想帮助的学生通常都能明白老师的用心并改正自己，事实证明这个方法往往奏效。

教学中，我常常运用这种无批评教育法，变批评为鼓励，变限制为引导。这种教育方法能给孩子的成长创设一个相对宽松、欢乐、和谐的支持性成长环境。教师的尊重理解使学生感到被接纳、信任，使他经历体谅、鼓励、刺激、鞭策，使其潜能得以挖掘和发展。

暗示和无批评教育有利于增强小学生的自尊心和自信心，有利于提高小学生自我教育的心理素质，有利于学生身心的健康发展。这种无批评教育的方法，我想是符合小学生心理发展规律的。

（陈文红）

04

幼小的心灵更需要呵护

【案例所引发的思考】

1. 课堂上教师应该如何调动缺乏自信的学生学习英语的兴趣和热情?

2. 课堂上教师应该如何引导学生在学习英语的过程中学会尊重他人?

【案例描述】

今天的英语课已经是开学第二周的第三课时了，如果顺利的话，应该进展到 Unit One-My school 的 Part C 了。我边思索着课堂教学进度，一边有点儿沾沾自喜的走进了二年级×班。

由于此前，我已经用过四课时来帮助学生们接触并熟悉新单词和句型了，而 Part C 部分只不过是把这些单词和句型串联起来，糅合进了交际情景中，为此，根据学生们前面的反应，我在进行 Part C 的提前备课时，对自己的教学设计充满了信心。具体设想大致如下：先进行两步 warming exercises，复习 Part A 中的单词；创设情景练习“Is there…? Yes，there is.（No，there isn't.）”句型，然后再进入 Part C 的学习，这样，就可以帮助学生减轻许多学习的难度与压力了。

上课了，我的第一个步骤进行的很顺利，并且发现学生们的态度非常积极，于是第二步创设情景练习如期进行。为了更好的调动全班学生的热情，我特意选择了小组比赛的方式，也就是说，让参与情景表演的同学分别代表各自所属的小组，哪一组代表表演的出色，哪一组就能得到红星奖励。这一提议果然奏效，学生们兴奋起来，一双双有神的眼睛流露出盼着被选中的渴望，每只小手都举得高高的。

望着讲台下面孩子们单纯可爱的面庞，我的内心闪过缕缕感动：世界上或许再没有哪类群体比他们更纯真和稚嫩！正是这种经常掠过心底的情愫，提醒我对“教育”二字心存敬畏：我必须关注到这些生命的深层次需求——精神的成长！

我轻轻扫视了一下全体学生，发现大家都举起了手，就连平常不爱发言的陈××也不例外。他正静静的坐在位置上，等着我叫他的名字呢，真令人高兴！可是，坐在他旁边的蔡××却一直在焦急的拽他的衣角，并示意他把手放下，其他同学也在小声的嘀咕：“陈××别举手！”“陈××别举手！”。原来大家担心陈××被选做代表后不能为小组赢得红星奖励。可是再看陈××，他好象没有听见别人阻拦似的，依然固执的举着手，并目不转睛的盯着我。我决定给陈××这次机会，增强他的自信，于是便微笑着对学生们宣布：“我们选陈××做二组的代表”。立即，其他三个组的同学欢呼雀跃起来，二组的同学则垂头丧气了。我理解这些孩子们好强求胜的心理，同时也喜欢他们这种希望对方失败却又毫不掩饰的真诚，正所谓“童言无忌”。

在我的帮助下，陈××终于顺利的表演完了“Is there……? Yes, there is.（No, there isn't...）”的应用情景。但由于其他小组的代表不但没有需要老师帮忙，而且自己设计表演的情节还非常自然、流畅，结果，二组最终真的未能得到红星奖励。等到陈××回到自己座位上，他周围的同学就开始小声的指责起来：“陈××，都怪你!”，“陈思凯，要是你不举手，老师就不会让你上去表演了”，“要是你不去表演，换成蔡××，我们二组肯定会得第一了……”我一面示意大家安静，一面发现陈××悄悄的哭了。可是二组的同学们还没有停止指责。

渐渐的，在孩子们从众心理的强烈驱使下，其他小组的学生也开始小声的嘀咕起陈××来。而陈××要么眼泪汪汪，满脸委屈，要么被别人说急了就恼怒的回应一句，小脸都憋红了。很快，整个班级就像热锅上的蚂蚁，乱成一片。

目睹这一情景，我故意板起了脸，一边严肃的把手放在嘴边说：“OK. Keep quiet, please!”，一边拿下了那些还没有安静下来的小组的红星，借以示意停止喧闹。见此动作，孩子们很快静下来，一个个瞪着眼睛等待我说些什么。于是，我立即说：“Let's play a game, children。”学生们一听说要做游戏又高兴起来，刚才放在陈××身上的注意力也迅速转移到了游戏上来。

我对大家讲了游戏规则：由老师给各小组每一纵排的第一个学生在耳边偷偷的说一个英语单词，然后，再由这个学生依次向后传，一直到最后一个同学，看哪一组能把这个词传对。但有一点必须注意，每一个传单词的同学都不许出声，只能摆出该单词发音时的口型。如果违反上述规则，要扣除两颗红星奖励。

接着，我把每一纵排的第一个学生叫到讲台上来，分别给他们说了不同的单词。等到陈××时，我特意多给他说了两遍，并要他先给我看了一下口型。然后，比赛又开始了。结果这次，陈××没有传错单词，二组得到了红星奖励。

抓住这一时机，我立即问大家："陈××这次是不是为二组赢得了奖励?"学生们尤其是二组都非常起劲的说："是!""那么，我们是不是应该给他鼓励呢?"我问。"应该!"孩子们对陈××表现出了欢迎和赞许。其中二组的学生郑××还激动的抱住了陈××。陈××的眼里渐渐恢复了光彩，并破涕为笑了，面对大家的称赞，他又变的有点不好意思了。我又说："这样看来，陈××是有能力为大家争光的，并且大家还非常喜欢他。可我们刚才那样子责怪他，对不对呢?""不对!"孩子们很快的做出反应。"真好！其实，陈××也是想为二组争光的，老师想给他发一个鼓励奖，可以吗?""可以"，"可以"，"Miss Chen，你再给他发个小公仔吧，""陈××，下课后我教你，我们下节课一定再赢更多的红星……"

由于临时加了一个游戏，时间在不知不觉中流逝，孩子们数着自己小组里得到的星星，欢呼胜利的赢来了下课的铃声…..

可，我原来的教学设计被打破了，第三个环节未能如期进行。

【案例反思】

这堂课的教学目标没有能够顺利完成，出乎了我的意料！然而，它给我留下的印象却是深刻而细腻的！回味起来，又让我有那么一丝隐约的成就感，因为，每当想起这次课堂情景，陈××那张得到表扬而再次焕发出光彩的小笑脸，总是能消除掉没有完成教学预设"硬指标"的遗憾！

事情过后，我时常这样想：如果陈××当时的困境得不到教师的体谅，又该是怎样的情形？如果长期的出现这种忽视孩子心理感受的状况，是否真的会影响他未来积极发展人格的形成？我想，没有人敢去尝试这种忽视，因为，每一位对自己负责、对人性负责的教师都明白，教育的本意绝对不容许任何人对幼小的心灵实施伤害！孩子们需要的是呵护，是关爱！如果能够拿一节课可以及时弥补孩子们内心偶然受到的伤害，那么，我将永远愿意付出这个代价。毕竟，这种牺牲值得！

另外感受颇深的一点是，新的英语教材对教师控制课堂教学局面提出了新的挑战，应该力争做到活而不乱，收放自如。这就要求教师必须将学生作为活动的主体，熟练运用教学机智，处理好师生、生生之间的互动循环。其中，帮助学生在学习中与他人建立良好的人际关系，品尝尊重与被尊重的愉快情绪体验，可以说是建立这种互动的重要途径之一。

【案例点评】

由于缺乏实际使用英语交流的生活情景，结果导致学生在单纯的英语教学中时常遭遇挫折，是一个普遍存在而又亟待尽快解决的问题。这种挫折对于低年龄段的学生来说更是不可避免，并且，它可以来自各方面的因素。这篇案例体现的就是其中的一个方面，即同伴影响力，形象而生动的描述了孩子学英语在受到别人指责时的脆弱状态，不禁令人为之动容。

事实上，要真正捕捉到课堂上这种心灵抚慰的瞬间，并不容易！需要对课堂中的学生时刻具备细腻、真挚的关注，并及时提供真实而细致的帮助！如果不是基于这种情感，教师就不会注意到学生受到的类似于此的伤害。

尤其，案例中说到“如果能够拿一节课可以及时弥补孩子们内心偶然受到的伤害，那么，我将永远愿意付出这个代价”，值得肯定！教学的根本宗旨就在于教人做人，学会与人共生共存，因此，多向对方的心田撒满阳光应该成为教师引导每个孩子必须形成的积极发展品质；该老师不仅认识到了这一点，而且她还非常机智、灵活的对学生进行了富有针对性的适时引导。她采取了临时增加游戏的方式，借此转移注意力，并及时进行思想劝导，学生于不知不觉中学会了尊重他人，并同时也帮助处于心理困境中的孩子在当时当刻重新获取自信！可谓用心良苦，效果显著！

（陈春红）

05

我听见天使在唱歌

她上一年级的第一天，和班里其他47个孩子并没有什么不同，高高的个子，大大的眼睛，一身美丽的花裙子，身上还背了一个漂亮的小包包。而我也只是认为这是一个安静又漂亮的小姑娘，带着她最喜欢的小包包，成为了一名小学生。她也许只是害羞，不敢和新的小伙伴交流。这样的小姑娘只要给她时间，很快就会和小同学熟悉起来，有自己的小姐妹。直到上第一节体育课那一天……

“何老师，熊嘉馨哭得很厉害，她不肯把身上的包脱下来跑步，也不给别人碰！你下去看看吧。”小班长气喘吁吁地到办公室找我。我赶紧下到操场，远远就看见她站在一旁，手紧紧地捂着小背包，那姿势，像一只随时会攻击的小兽。我心里咯噔一下，意识到这孩子可能有和别人不一样的地方。走近了，我看清了她哭红的眼睛，还有那戒备的表情。我决定先缓解她的紧张情绪，再慢慢了解她的情况。轻轻地走到她面前，弯下腰对她说：“嘉馨，这里太阳好晒，太热了，我们去一个阴凉的地方好不好？”她咬紧嘴唇，摇摇头。我突然想起来她很喜欢看绘本。“我们在这里站着又热又没意思，老师那里有几本绘本，我们去看好不好？”她果然心动了，犹豫了一下，点点头。我把手递给她，她又犹豫了一下，还是慢慢把手放到我的掌心，我知道她已经开始放松了。我们牵着手慢慢走，我一边走一边和她聊关于绘本的事，发现她说话很不流畅，大部分时间都是点头或摇头，回答的话都是单字或者词语，几乎没有成句的话。我想，这就是这个小姑娘，与众不同的地方。

跟家长沟通后，才知道这个孩子先天神经性耳聋双耳失聪，三岁时右耳装了电子耳蜗，左耳戴了助听器，那个她紧紧捂着不肯放手的包包，放的就是她的助听器。她的妈妈说，为了不让别的孩子看见她的助听器导线去拉扯，把线编到辫子里去了。由于电子耳蜗开机太晚，错过了语言学习的最佳时期，她跟人沟通比较困难，在幼儿园就很少机会跟人交流。“老师，我真的很担心她在小学不能适应，而我们也不符合条件送她去特殊学校，您能不能帮帮她？”我答应了。

虽然答应了家长，但我心里觉得有点忐忑也有点迷茫，一个交流不畅的特殊孩子如何与正常的孩子交流建立良好的关系？我不知道，只能摸索着前行。首先我了解到班里原来和她读同一个幼儿园的孩子里面，有一个小女孩和她关系还不错，就把她们俩安排成同桌，并安排了几个开朗容易交往的孩子坐在她的周围，希望他们能够带她慢慢地融入班级。这样的安排很有效果，她不再像刚开始那样一句话不说，一个人抿着嘴坐着，而是脸上慢慢有了笑容，从看着听着周围同学说笑互动，到自己也能加入进去。为了让她大胆开口，我常常找她讲故事，鼓励她给同桌给前后的同学讲绘本。这个爱读书的姑娘，把家里的绘本拿到学校来，先是给我讲，后来是给同桌讲，讲着讲着，周围的孩子也被她吸引，一下课就来听她讲绘本，哪怕她讲得不流畅磕磕绊绊。渐渐地，她的自信心开始建立了，刚开始讲绘本时遇上讲不出来的词语她就停止了，到后来用肢体语言表达。一年级下学期，她登上了讲台，给全班讲了个故事《小猪唏哩呼噜》，赢得了全班的掌声。

她也渐渐有了自己的小伙伴，常常能见到他们一起游戏的身影。有一天，我看见那个曾经被她紧紧捂住，谁也不能碰的小背包，被她打开了，放到了她同桌的手心。她在把她的助听器给她信任的人看。有一天，她给我讲完故事之后，我笑着问她：“嘉馨，老师能看看你的漂亮小包包吗？”她点头，很快脱下来放在我手里。我很感动，我也是她信任的人了。

这一个孩子，她的人生与众不同，会比其他人更艰辛，但我很高兴，在我和班级同学的帮助下，她迈出了自信的一步。四年级结束，她要转学了，她抱着我说：“老师，我记得你对我说话的声音，真好听，是天使在唱歌。”

我相信，在她以后的人生，还会遇上很多帮助她成长的唱着歌的天使。

（何羽）

06

怒放的向日葵

在我的美术教室里，悬挂着一幅临摹梵高的作品《向日葵》，总会引起别人的注意，每当被问起的时候，我都会欣然地讲述《向日葵》的故事。

每当我告诉大家这幅吸引人的作品是我的学生画的时候，大家都会惊叹：一个小孩子能画得这么好！是的，就是一个11岁的男孩子画的。画面构图饱满，用笔自信娴熟，看到的人都会情不自禁地感慨：这是多好的孩子能画成这样啊！可是，当我说出孩子名字的时候，所有知道他名字的人，都会瞠目结舌：是夏德高画的？他能画得这么好?！是的，不怪大家会有这样的态度。我的记忆闸门又一次打开，回到了几年前的美术课堂上。那是一年级二班开学的第一节美术课，一个高高胖胖的男孩子背着他的书包，一边咬着书包带一边在教室里转圈，转够了，在教室中间打滚，自己玩得不亦乐乎。所有的孩子看着他，说着、叫着……无论我怎样哄他，他无视老师的存在和言语，我试图想扶他起来，可是他那又沉又重又反抗的身体只能任凭他在地上滚来滚去……第一次，让我感到漫长和束手无策的一节课。后来和班主任老师沟通才知道，这是他的上课常态，而且他对人还有攻击性，还随意出走。最难办的是他的家长否认孩子的行为，不肯来学校和老师一起想办法，配合老师的教育。很快，夏德高成为了他们班级的名人、年级的名人、学校的名人，似乎全校没有一个人不认识他，不知道他的名字。课堂上，可怕的一幕一次又一次地上演，教他的老师见面说得最多的就是关于夏德高的"奇人奇事"。

终于，教他的老师都发现了：夏德高爱画画，尤其是在课本上到处画。于是，我看到了机会和希望。我在课堂上，展示他在课本上的作品，夸奖他的表现力，但是告诉大家，这么好的画画在课本上太可惜了。我主动找他谈话，他还是那种无视你存在的样子，不和你交流，但是，他接受了我送给他的图画纸。我真诚地邀请他，参加我的美术社团，听到了他和我说的第一句话："我要想一想，和妈妈商量一下。"

后来，他成为了我美术社团的一员，他造型能力很强，画面的组织能力也很好，只是画的东西太小了，构图有问题。慢慢地，他开始接受我对他的指导，很快，夏德高成为了社团里小朋友们羡慕和称赞的对象。美术课堂上，那个东奔西跑满地打滚的胖小子消失了，老师可以用眼神和言语与他交流了，虽然，他还是很少正视老师，很少和老师交流言语。

随着年龄的增长，他的绘画能力不断增强，绘画作品也不断获奖。他的言行举止也改变了很多，和老师的交流也越来越多，越来越能够接受和信任老师。最有趣的是，课堂上，身材已经是高高大大的他，会像个小女孩那样跑到我的身边悄悄告诉我哪些小朋友在座位上讲话、做错事……

我们看到的那幅《向日葵》，是沙河小学 50 年校庆的时候，社团小朋友送给学校的礼物。社团里，很多小朋友还在踌躇着怎样构图、怎样用色的时候，他已经信心满满地开始作画了，一群小朋友围观他，他用笔大胆，对色彩感知敏锐，我只在构图和调色等方面对他有一点点的提示，他一气呵成，颇有一些梵高创作时的激情投入和风采。小朋友们羡慕地说："夏德高，难怪你画得那么好，你的名字里也有一个高。"有的小朋友大喊："夏德高，梵高。"这时，他那胖嘟嘟的脸笑得很灿烂，就像怒放的向日葵。

我们常说：时光不语，静待花开。每个孩子都是一朵花，只是一年四季开放的时间不同。有的花在春天开放，有的花在夏天开放，如果到了秋天还没有开，我们也不要着急跺他两脚，说不定这棵是腊梅，开得会更动人。世界很大很大，人生很长很长，慢慢来，一个人总有巨大的可能性，长成独特的人，成为最好的自己。

（李淑英）

07

一个后进生的转变

自从任教以来，我遇到过各种情况的后进生，教学中也确实对他们下了一番真功夫，花了一定的心思，总结起来后进生后进的原因不外乎有这样几种情况：第一，家庭方面的原因：①教育方法不当，或溺爱使之娇生惯养，或粗暴使之仇视一切教育，或放任自由使之散漫；②家长行为不正，如工作懒散、言谈粗俗、热衷赌博等潜移默化地影响着自己的孩子；③家庭不和或离异，夫妻经常吵架打架或已经离异，使孩子的心灵受创伤，感情失落导致心态不正，心理不健康。第二，学校方面的原因：①老师的不平等对待或歧视；②同学们嘲讽歧视使之没有集体温暖感，易怒、粗暴、不友善。第三，个人方面的原因：①误交"损友"使之染上社会上的一些恶习；②身体状况欠佳使之成绩落后；③智力状况导致学习落后。

总之，作为任课老师，一定要报有"精诚所至，金石为开"的信心去做后进生的工作，这样去转化后进生的努力才能成功。

这学期学校安排我教五(1)班，接到这个班后，我先找英语陈老师和数学姚老师，和前几任班主任了解这个班的情况，特别是彭小跃的有关情况。也查阅了他的学籍档案资料，了解了他一至四年级的基本情况。我明白了彭小跃之所以成为今天的彭小跃，这和他的家庭教育是分不开的。母亲的溺爱使之娇生惯养，父亲的粗暴使之仇视一切教育，他们的放任自由使之散漫。彭小跃在班里学习较差，主课成绩差不说，还在一些常识课上调皮捣蛋，扰乱课堂秩序，甚至让教师下不了台。原因是和上面的三种情况类似，由于基础较差，上进心不足；家庭富裕，父亲没时间管教，但又有相当多的零花钱，从小养成了一种高人一等的心理优势。到了小学高年级，想上进吃不了苦，受不了拘束。爱好广泛，常想在某些方面展示一下自己，吸引同学们的注意力，提高自己的影响力，满足一下表现欲望，展示一下自己的聪明才智，但实际上又没有什么拿得出手的。由此，导致他常常借上课大喊大叫或在课堂上要几个小动作，甚至是公然和老师作对，和同学打架来引起大家的注意。在了解了彭小跃的情况后，我找来了他的家长，和他的父母亲谈了他在学校的表现，也询问他在家的表现。言谈中感觉到了他父母亲对儿子教育问题的无奈。我跟他们说明了我这个班主任准备就彭小跃的教育采取特殊方法，以征得他们就他儿子教育上对我的工作的支持。

在我上这个班的第一堂班会课时，我对他们说，从今天起，是你们新的里程碑，之前你们是怎样的表现我不知道，也不打算知道。关键的是从今天起的表现，我不计较昨天，只看今天和明天，这给了我班后进生很大的信心。

对于彭小跃，我没有责备他，也没有鄙视他，而是给了他更多的“偏爱”，不论在生活上还是学习上我都是加倍的关心他、爱护他。如他上课专心听课了，马上表扬他，写作业了，给予他鼓励。不欺负同学了，称赞他。同时经常和他谈心，内容是多方面的但永远不会离开学习这个主题，对他每节课的成果进行反馈，肯定多方面，指出不足面，从而让他感到自己大有潜力可挖，但又水平有限，并且指出个别明显能做好但又没有做好的地方，指出几个比别的同学做的好的地方，从而激起他的求胜心理，培养他做事要踏实的学习习惯。

我知道一个学生思想水平及学习成绩的提高不是一次教育，一次谈话所能及的，而要靠多次，多方面一直坚持的教育。对待彭小跃，我反复抓，努力找机会去关心他，做到“三不”：不急，不火，不粗暴。让他感觉到学校的爱，教师的爱是永远的。一直以来不交作业好像是他的专利，背诵的可以不背，书面作业可以不写，考试不及格是理所当然的。老师、家长、同学和他本人对以上这些现象都已经习以为常。而我却认为要想转化他，就得让他知道他并不是另类，和其他同学是一样的。开学不久，我就找他谈心，和他就作业该不该做进行交流，他认为不交作业是他不会做。我对他说：“彭小跃，你很聪明，作业你不会做是因为你没去做，只要肯去做，你肯定能做的很好。”这次谈话，我跟他提出个要求，就是老师要求读的你要去读，要求背诵的课文你要去背诵，一次读不好，读两次。一天背不出，用两天三天，直至你会背为止。从此，在我持之以恒的跟踪和鼓励下，他逐渐开始起步了，读背作业能完成了。之后，我开始琢磨在他的书面作业上下功夫，一开始我只要求他完成简单机械的抄写作业，只要他认真写的，我就肯定他表扬他，这样他就有了学习的信心。最难的就是作文了，他写还是不写，我考虑了很久，树立他学习的自信心，这也意味着可以转化他的行为举止。在一次的作文指导课后，我把他叫到办公室，问他今天的作文会不会写，他说他不会写。我又问他："那你能不能把你儿时的一件你认为最有趣的事详细的地说给老师听？"于是他开始说了，我认真听完后，对他说："彭小跃，你刚才说你不会写作文，但老师认为你应该很会作文，这不，口头作文你说得多好啊，事例说得很完整。你如果把你刚才说的写下来就是一篇很好的作文了。"他呆呆地看着我，我趁机问他："要不要试试？"他用力地点了点头。就这样彭小跃的第一篇作文诞生了，虽然起步有点晚，有点艰难，但毕竟是开始了！他把作文交上来后，我向他的家长报喜了；在班上我展示了他的作文，并且大力的表扬了他。看到同学们赞赏的目光，听到老师同学鼓励的话语，我知道彭小跃已不是以前的彭小跃了，他的学习，他的纪律会有很大的改观。

在学习活动中，我巧设机会，帮他建立成就感，然后在全班同学面前对他表扬鼓励，让他有成功的体验，同时联系班上实际，让他知道自己并不比其他的同学差，只要努力刻苦总会有好的成绩。一次在堂上默写毛泽东的词《咏梅》，同学们都默写的不错，可当我询问时，却了解到彭小跃默写三遍了，还是没有全对，正在摔本子，发脾气，还嘀咕说："我再也不默了！"同学们一听发出了哄堂大笑。我的心一下子沉重起来。我示意同学们安静，也正在这时，我分明看到学生紧盯着我，他们正在无奈地等待一场"暴风骤雨"的降临。我清晰地意识到，我面临着一场来自学生的考试。我的脚步异常缓慢，来到彭小跃的身边，我弯腰轻柔地问："把你的默写本给我看看，好吗？"他迟疑了一阵子，扭捏地拿出了本子。我仔细分析他的默写情况后，微笑着故意大声说："呀，彭小跃，祝贺你！因为你早就会默写了。"他一下子抬起了头，疑惑地看着我，同学们也露出了迷惑的神情。这时，我亲切地对他说："你默写了三遍。每遍只错一个字，第一遍把'俏'写成'悄'，第二遍把'丈'写成'仗'，第三遍把'她'写成'它'。各次错误不同，说明你已会写每一个字，你之所以发生错误，是因为在书写时不够细心。再默一次，愿意吗？"他羞涩地点点了点头，开始默写。不久他的同桌告诉我们："他全默写对了！"掌声骤然响起，彭小跃的脸上写着感动、兴奋，又一次脸红到脖子根，但分明有掩饰不住的高兴。课后，我又进一步和他谈心，鼓励他上课认真学习，树立正确的目标，凭他的聪明很快会赶上同学们的。教学中每发现一点进步，我及时给予表扬和肯定，同时再给他指定一个更新的目标，不断促其上进。

学习的进步，带来了纪律的进步。他已经不再是令老师头疼的后进生，虽然还是常犯错误。后进生们总是会犯错误，其实这也是他们引起老师、家长重视的一种表现方式，很多时候他们只是需要我们多关心而已；习惯不是一天两天就能改的，后进生们总是会反复犯错误，这就需要老师有耐心，对他们更宽容更理解。其实，很多时候，这些后进生们也是蛮可爱的，他们内心深处何尝不是想学好的呢？何尝不是希望得到他人的肯定的呢？又何尝没有"向上向善"的"火苗"呢？

古今中外的教育家们教育思想都有所不同，教育风格也各有千秋，但是有一点是共同的，那就是"爱的教育"。爱，是教育的前提，而且这种爱应该是真诚的，发自内心的，让学生能感受得到的，尤其对那些不自制不自律的常犯错误的后进生，我们更应该爱护他们，关注他们。

（李稚）

08

爱的希望

热爱一个学生就等于塑造一个学生，而厌弃一个学生无异于毁掉一个学生。热爱学生，不仅要爱好的学生，更要爱有缺点、有问题的后进生。正因其差、因其问题多，才需要教师付出更多的时间、精力和爱心。

2013年9月，我刚接手一年级新生，班里一个叫小彬(化名)的男孩子，看上去是一个讲文明的孩子，然而，令我头疼的是，他在课堂上经常冒出粗鲁庸俗的语言来，学习习惯不好，学习成绩也很差，一年级的时候成绩就和班里的同学相差二三十分。到二年级下学期成绩直接转到不及格了。他很贪玩，经常不能按时完成作业，没几天，他就会积起一大堆没有完成的作业，而且经常在课堂上出洋相、插科打诨。面对这种情况，他妈妈对他没有办法，爸爸只会用打来解决，长时间下来，小彬也就越来越叛逆，也开始惹其他同学引起别人的注意……

对于他这种越来越糟的现象，我陷入了沉思：小彬会不会是当今社会常见的祖辈过分重男轻女溺爱晚辈的结果，如果是的话，不及时给他正确的引导，那么以后可能会越来越严重。

通过跟他母亲的沟通，我了解到，小彬在上小学之前都是跟爷爷奶奶生活，在老家无法无天。父母看到这样下去不行，于是才接他到深圳读书，但是那种“以我为中心”的个性还是改不掉。再加上每次我跟家长反应他在学校的情况后，他脾气暴躁的爸爸，就用打骂来解决，小彬就更反感。

于是我再跟他家长沟通时，就只报喜不报忧，慢慢的在表扬小彬的同时表示惋惜：“小彬现在的作业比以前有很大进步，如果他在写作业的时候不玩就好了”“我发现了，小彬很聪明的，昨天那个问题回答得那么到位，当时有很多同学没有理解”。这样一段时间下来，家长觉得小彬有很大的进步，对小彬就有了很大的肯定。

坏毛病不是一天养成的，要改变也不是几天就见效的。虽然小彬后来也多次出现反复，但是因为我有了家长的支持、配合，他有了家长的监督，同学们都热情地帮助他，我也时时提醒他，他的情况有了较大的好转了。终于在三年级下学期，小彬基本改掉了近三年的学习习惯，课堂上的纪律也越来越好。

高尔基也曾经说过："谁不爱孩子，孩子就不爱他，只有爱孩子的人，才能教育孩子。"热爱学生是教师的天职，他远比渊博的知识更重要。得到老师的关爱，是每个孩子的心愿。教师鼓励、鞭策孩子，才能大大推动学生的成长和进步。

（潘玲玲）

09

用爱开启心门

“王老师好!”骄阳中，匆忙地走在大街上，忽然听到这稚嫩的、响亮的童声，回头一看，原来是小锐正牵着爸爸笑眯眯地朝我喊。我心里一阵感动，多好的孩子呀!

就在前两天放学后，他因为调皮踢坏了学校大门口的宣传牌，被保安叔叔抓住后，小锐不但不认错，反而把保安叔叔的手给抓破了。下午我听说后，就向他询问情况，他丝毫不知道害怕，还狡辩说是别人先踢，一脸的不服气，好像他还很委屈。我看着他，心想：才一年级的小孩子竟敢如此胆大妄为，不杀杀你的威风还了得！于是，二话不说就命令：“围绕教学楼一圈，把垃圾纸屑拣干净，再回教室。”虽然很不情愿，他还是乖乖地去了，等他再回教室时，已经开始写字了，我也就有意冷处理，暂不追究他。下午打电话跟他爸爸沟通了一下，知道这孩子脾气犟，希望家长能跟他好好谈谈，再教育一下他。

不曾想，第二天早上孩子被奶奶送到学校大门口时，死活不愿进校门，不愿来上学，又是哭，又是闹，奶奶拉不进来，保安也拉不进来，没办法，保安又喊我下去。还没到大门，就看到几个家长都围在那儿，有的劝，有的拉，热闹得很。我问了一下情况，原来是爸爸让孩子来给老师和叔叔道歉，他不愿意，所以坚决不愿来上学。“犯了错误不愿认错改错，哪有这样的道理。如果这一次让他任性胡闹纵容过去，那以后还有什么原则可讲。”这样想着，于是就一边示意他奶奶，一边严厉地说：“小锐，你不愿意上学，是吗？现在立即让奶奶带你回去，像你这样爱哭爱闹、有错不愿改的学生，我们学校还不想要呢！走吧，回去!”冷冰冰、硬棒棒的声音没有丝毫的袒护和容忍，孩子被奶奶带回去了。

而我，一个上午心里都在想着这个孩子，想着这件事该怎么处理，回去只不过是缓兵之计，怎么可能不让孩子来上学呢？我知道这孩子一直是爷爷奶奶带的，很任性，也很调皮，只怕爸爸一个人，而爸爸又很忙，缺少耐心，也缺少思想上的沟通和交流，多是武力解决问题，久而久之，孩子也就养成这种任性而又倔强的性格。平时，我也总是尽量表扬他，扬长避短，孩子聪明，学习不存在大问题，在班里表现还不错。现在已经出现了这种情况，孩子虽小，但我觉得应该让他意识到自己的错误，并有勇气认错、改错，从中明白是非，懂得规则，而不能因为年龄小就放任、淡化或不管，只是一定要用孩子能接受的方式进行教育。

下午，我进班时，一眼就看见了小锐，惊喜地看着他，笑着说："啊，你来了呀！"他看着我不好意思地笑了。学生都在安静地看书，我把他叫出来，让他坐在我身边，用手摸摸他的小脑袋，他就笑了。我说："看，你笑的时候多漂亮，王老师最喜欢看你笑了。"孩子完全放松了，我问他："你不来上学，是因为老师批评你吗？"他说："不是。"我说："那是因为爸爸打你，你生气了？""不是"。"那就是你不愿意给老师认错，对吗？""恩"，他点点头。"你觉得你做得对吗？踢宣传栏，掐保安叔叔。""不对"。"既然不对，不应该认错吗？"

"对不起，王老师，我错了。以后我再也不会搞破坏了。"这时候，我顺势把他拉到我身边说："对呀，这样多可爱呀！有错就改才是好孩子呀！王老师也会犯错，犯了错也会挨批评，我也同样要向别人赔礼道歉，这是应该的呀！知道吗？""知道了。"我从包里拿出准备好的棒棒糖放在他手上，告诉他："这是对你主动认错的奖励，喜欢吗？""喜欢，谢谢王老师！"小家伙笑嘻嘻地回到教室了。

教育要以人为本，如何体现在施教过程中，还需要我们多动脑筋，一个班级几十人，每个人都是一个鲜活的个体，像这种性格倔强、淘气的孩子其实更需要尊重、呵护和关注。这也让我想到了一个寓言故事《铁棒和钥匙》：

一把坚实的大锁挂在大门上，一根铁棒费了九牛二虎之力，还是无法将它撬开。

钥匙来了，他瘦小的身躯钻进锁孔，只轻轻一转，大锁就"啪"地一声打开了。

铁棒奇怪地问："为什么我费了那么大力气也打不开，而你却轻而易举地就把它打开了呢？"

钥匙说："因为我最了解他的心。"

每个人的心，都像上了锁的大门，任你用再粗的铁棒也撬不开。唯有了解、关怀，才能把自己变成一把细腻的钥匙，进入别人的心中，开启心门。

作为老师，面对的每一个孩子都是不同的，唯有做到耐心、细心、真心、爱心，真情关怀每一个孩子，让自己变成一把万能钥匙，打开心门，点燃心灯，才无愧于我们的孩子！

（王静）

10

耕耘千百倍　鲜花满园香

也许每个孩子的心里都有一片戈壁滩，而我们一生的事业就是让那里开满鲜花。

——题记

“叮铃——”，清脆的门铃声在这个9月14日周六的早晨悠然响起，打开门，一张可爱的小脸羞涩地微笑着，如他手中捧着的那束鲜花一样芬芳迷人。哦，是张涛涛——一个刚刚升上四年级的小学生，跟妈妈一起来庆祝我的教师节。我们坐下来，聊聊各自的近况，谈谈新学期的打算，打听打听新班主任和同学们的情况。虽然我已经不教他们，但是这群我带了三年的孩子们，仍然是我的牵挂。特别是这一个张涛涛，过去两年中的许多场景一幕又一幕，历历在目。

金秋初遇

2010年的金秋九月，我成了一(2)班的语文老师兼班主任，35份来自家长的殷殷嘱托与期盼，35张稚嫩小脸带着的纯真与渴望，让我深切感受到自己即将承担起的责任。刚从幼儿园升上小学来的孩子们对学校的一切充满好奇与新鲜感，但是他们学会遵守小学的规则与制度则需要一个过程。老师在这个阶段扮演的角色必定是多样的，整个9月也必将是艰难的。我已经做好了体力与精神上的准备，准备尽全力去爱护每一个孩子，引领他们不断前进。更何况这些孩子看起来是那么机灵，聪明，可爱，除了那个读书时不开口的涛涛同学。

始露端倪

开学不久的一天课间，几个孩子急冲冲地跑到办公室说：“老师，快去教室里，出大事了。”我吓了一跳，赶到教室，看到让人生气的一幕：孩子们大声喧哗着，簇拥着东跑西跑，而涛涛则跪在地上满地爬，口中“汪汪”着学小狗叫，还撕咬同学的裤脚。这是恶作剧吗？玩得太过火了吧？我立刻让全部人回座位，准备即席开展课间安全教育。这时，几个孩子七嘴八舌地告状“老师，张某某他咬人”“我不小心说张涛涛是小狗，他就开始咬我们了。好恐怖。”我回过头看看呆在原地的涛涛，发现他的神态有些奇怪，浓密的头发把额头遮了大半，镜片下的眼睛呆滞失神，不像是开玩笑的样子。联想到他的课堂表现与作业，难道？

平息风波之后，我找到英语和数学老师，想了解他的表现和老师们的感受。却发现一个让我大吃一惊的情况：原来，涛涛这几天课间经常去科任老师办公室，拉着英语黄老师的衣服，要求老师跟他玩，怎么说都不听，温柔的黄老师刚开始以为孩子上小学不习惯也没有怎么在意，但现在每个课间都要来，神情动作像个三四岁的孩子。直觉告诉我，这个涛涛真的不对劲。

我请来了孩子的妈妈，告诉了她孩子的表现，并委婉地询问孩子有没有特别需要老师关注和照顾的地方，这位妈妈顿时泪如雨下，泣不成声，从包里拿出一份诊断书，我赫然看到智力这一栏的评定：轻度智力低下。等她平复情绪之后，我了解到孩子的真实情况，也体会到了这个家庭的艰辛与不易：出生时缺氧，每周两次的统觉训练，7 年来一直奔波在求医的路上，妈妈全力照顾孩子，爸爸一人工作养家，为了更好照顾和培养孩子放弃了生二胎，父母承受着巨大的压力和从未有过的自卑……

尝试·失败

孩子没有错，这种不幸带给他和家人的痛苦令人唏嘘，作为教师的我义不容辞，应以理性的师爱引导孩子的发展，更应该积极营造健康的班级舆论，营造宽容友爱的班级风气，给孩子一个安全温暖的学习环境。于是，我开始了各种尝试。

教师节的班会课上，我对孩子们说：“老师希望收到的最好礼物是你们的团结友爱，互相帮助”；课间，我特意安排了几个开朗活泼的孩子带着涛涛一起做游戏；学习上给他配了一名能干的小老师，作业也适当降低一点的难度。然而，事情却没有想象中的那么顺利，因为涛涛的速度和反应都比较慢，时间一长，玩游戏的孩子们在分组时不情愿要他。语文测验，他仅仅得了 12 分，我既沮丧又着急，一个班的健康孩子已经够我操心的了，再加上这个特殊的一员，班级管理怎么办？学科成绩怎么办？这时，有老师好心告诉我，只要把班上中等生的成绩扶起来向前进一点，一个人是不会影响全班的整体成绩的，难道真要采取对他放弃的策略吗？矛盾中，我对涛涛的关注不由自主地减少了，给他安排了单独的座位，尽量让他不要影响别的同学。

突破・曙光

事情的转机出现在第二次小测验之后，因为有道连线题，涛涛碰对了几个，得了 26 分。在讲评课上，我做了简短的小结，特别表扬了进步大的同学，其中就有涛涛。念到他的时候，我的嗓门特意提高了八度："涛涛同学，比第一次小测验多了 14 分，是我们班进步最大的同学，应该接受我们的祝贺！"说着带头鼓起掌来，并奖给他一支铅笔，同学们也热烈祝贺他。涛涛同学微笑着害羞地低下头去，但我看到了他进步的契机。感受到了成功喜悦之后的他，自我效能感和自信心会更强，这些都是进步的动力，而同学们也会对他刮目相看，事情便会不一样了。

晚上，我接到他妈妈的电话，说孩子舍不得用那支铅笔，让妈妈给他插在笔筒里，回家后是主动要求写作业的。

巩固成效

接着，我在班里开展了"手拉手，共进步"的帮学活动，为学习有些困难的孩子选好了各自的小老师。小老师在早读、午写和课间会抽点时间帮助暂时落后的同学，提醒他们按时完成老师布置的学习任务。涛涛的小老师是班上的学习委员，一个耐心、细致又温和的女孩子，我悄悄告诉她要怎么辅导帮助涛涛，千万不能急，慢慢来。眼看着涛涛一天天快乐起来，学习也逐渐有了一些起色，我很欣慰。

转眼 11 月了，轮到我们班开展"一台戏"活动，在十一个节目中，我让涛涛参加了 2 个集体节目，在配乐诗朗诵中扮演小草的他跟其他孩子一样忙碌，忙着背台词，忙着准备演出的服装，忙着练习和彩排。我观察到，他忙得很投入很开心，笑容回到了他的脸上。

活动结束后，他妈妈跟我说，每次有朋友去他们家玩，涛涛都会给朋友放这次活动的录像，很自豪地指出自己站在哪儿。

此后，无论是国学经典诵读比赛还是新年音乐会的展演，我都让涛涛参与其中，哪怕他只是站在那儿，我却似乎看到了他心上开出的鲜花。看着他柔和的面庞，闪亮的眼睛，我多么庆幸自己的选择，我深深地体会到呵护孩子敏感的心灵比比赛结果重要得多。

一个学期结束了，涛涛异常的行为再也没有出现过，有几个男孩子也接纳他成为游戏伙伴，他的学习虽然还是存在困难，时有起伏，但是基本的读写能力已经逐渐形成。最重要的是他在这个集体中很开心。我跟他的父母一样，热切期待他智慧的灵性能早日回来。

尾声·感悟

三年的时光就这样过去了，涛涛的学习仍然存在困难，但异常的行为越来越少。2013 年 9 月，我离开了原来的学校，来到了沙河小学，在 QQ 群上，妈妈们告诉我，得知我不教他们了，有的孩子伤心落泪，有的孩子吵着闹着说王老师去哪儿他们就去哪儿读，而涛涛，则反复在聊天小黑板上写着简单的三个字“王老师”，歪歪扭扭的字迹一点儿也不好看，却让我潸然泪下。他的笑容依然那样憨厚而羞涩，我却备感惭愧，我觉得自己对不起孩子这份纯真的爱。我并没有给他更多的关爱，而我本应该这样去做。

也许每个孩子都是上天派下凡间的天使，哪怕他折断了自己的翅膀。教师的爱应该如阳光般温暖而公正，给每一个孩子带来光明，驱逐他们内心的黑暗。秦文君女士说，教育应是一扇门，推开它，满是阳光和鲜花。那么，就让我每天郑重地推开这扇充满阳光和鲜花的教育之门吧。但愿我们的教育能真正成为教书育人的教育；但愿我们的教师能用千百倍的耕耘，换来桃李满园香。

（王艳）

11

用“含钙”的眼神关注孩子

心理学上有一种“贴标签效应”，是指给某人贴上标签，导致此产生与标签一致的行为，从而对学生的行为起一定的定向作用。面对差生时，老师的心中或多或少会给这些学生贴上不好的标签，对孩子的成长没有一点益处。

我班的小民，由于父母都忙于工作，无暇照顾孩子，孩子的生活交给老人家，孩子从小在娇生惯养中长大，脾气大，任性，对学习毫无兴趣，爱理不理，常常不交作业，导致常出现不合格的成绩。

于是在接下来的日子里，我开始给小民贴正面签，以培养他的自信，激发他的斗志。

第一步　无心插柳柳成荫

一次无意中的思品课《我能行》，我发现小民有四大优点：1. 帅——白里透红的皮肤，英俊潇洒的明星发型；2. 趣——知道外面世界很多花花绿绿的流行元素，紧贴潮流；3. 义——注重朋友情，喜欢当头儿；4. 乐——乐于帮助别人，喜欢出风头。说也奇怪，自从这一次后，大家都看他顺眼了许多。

第二步　放手一搏赋重任

开学初，我任命了小民为纪律委员，消息宣布后，全班同学哗然一片，议论纷纷，小民也愣了一下，我说：“相信他是能全心全意为班级服务的。”接着把目光投向他，说：“他最懂违反纪律同学的心态及谋略，一定能帮老师狠狠地把他们一一揪出的。”大家听了呵呵地笑着。课下，我与他促膝长谈，说：“你是我的好助手，好好努力，尽量完成作业吧。”他爽快地答应了。从那时起，他真的尽量努力，基本上完成作业。

第三步　提高要求尽全力

他在测验的时候，除了能做对基础知识题以外，其他的都是空白，这是他怕动脑筋的表现。我又与他商量了，说：“你怎么样才能把整张卷完成了呢?”他说：“不懂，怎么办呀?”我说：“没关系，只要你尽力把整张卷填满，就行了。”他点头，以后，他真的做到了，虽然大部分答案都是错的，最起码动脑筋了。

我的故事讲完了，我不敢说这个孩子从此会一鸣惊人，但是今天我所做的一切，至少说是给了他一个可以进步的空间。只要我们会欣赏孩子，我们的教育才会起到作用。

（邢诒怡）

12

小冤家变成了好朋友

小孩子心里无小事，在我们成年人看来不算什么事的事，在孩子的心里都是天大的事。

小学生看似单纯，但在学校与同学相处时，人际关系中的一些问题却一直困扰着他们，比如大同学欺负小同学，调皮的孩子搞恶作剧捉弄同学，有个别孩子总喜欢用手去碰别人等，小学生之间看似简单的人际关系却时时都在影响着他们的学习生活，有些孩子因为不会与同学相处，或者是性格很内向的原因，导致他们不愿意与人打交道，甚至害怕与人打交道，久而久之造成一些心理上的困扰，有些孩子甚至都不愿意上学了。同学之间闹矛盾，有时因为一点鸡毛蒜皮的小事就动起手来也是常有的事。

一天上午，上完第二节课，我便准备去另一个班级上第三节课，叮铃铃的上课铃声刚响过，我便已站在班级的门口。这时班里传来了一阵吵闹声，顺着声音看过去，两个男孩子正抱在一起，是张东和李同！一开始我还以为他们在玩耍，之后发现他们的动作不像是在玩，我急忙冲过去赶紧拉开这两个男孩子，可是不管我多用力，两个孩子就是不肯松手，还互不相让地撕扯着对方，这时我真的很担心他们会打伤对方，就叫一个学生去找班主任，两个孩子听说要找班主任，这才松开了手，这场小小的战争终于没有升级，就此告一段落。可是张东松开手后还委屈地哭着说“他刚才还打了我呢！”

因为不能耽误其他同学上课，所以我就简单地劝了劝张东，告诉他下课后老师会帮他们解决打人的事，接着就上课了。谁知这孩子委屈地哭了整整一节课，下课后我找到他，了解打架的原因，他告诉我李同下课玩的时候动手打了他一下，所以他才想回手再打回他。我说，“同学之间玩耍时，谁碰了谁一下都是难免的事，只要不是故意的，就原谅他一次也未尝不可，不要他打你一下，你再打回他一次，打来打去，最后两人都成了受伤的人，谁都占不到便宜，打坏了身体还要去医院看医生，不但父母要花钱给对方治病，受伤的同学还要承受身体上的痛苦。”但这个男孩还是气囊囊地说，“我又没招惹他，是他先打我的，我还没还他呢，我一定要打回他一下”，他觉得自己吃亏了，之后我说，“老师看看他有没有把你打伤，要不要去医院”男孩子说，“没有，老师”我说，“那就好，这次算你高风亮节，就原谅他一次，我会让他向你道歉，下次他如果再故意打你，老师一定不能原谅他，还要请他家长来学校。”之后，我把那个男孩子批评了一顿，又让他向被打的孩子道了歉，这场小战争才算是结束。

可是，因为没有更多时间去详细了解打架的原因，所以，其实这两个孩子表面上互相原谅了，但心里还是有个结。在孩子心里，他们一直认为，如果有人欺负你，你就一定要好好教训他，他打了你，你就一定要还手，不然下次他还欺负你，有的家长也这样教育孩子，“人不犯我，我不犯人，人若犯我，我必犯人。如果有同学欺负你，只要不是你先招惹他，即使打了他，你也没有错”，所以孩子们经常因为家长的教导而互不相让，打来打去，即使被拉开也不甘心。

有一天，这两个孩子又打起来，我问张东是不是因为上次打架的事他一直没有原谅李同，张东说，“不是的。刚才我正在和其他同学玩，李同过来就拍我后背一下，我根本就没招惹他，他总是爱打我”，我终于知道了，问题出在李同身上，于是我找到李同，问他为什么总爱打张东，他告诉我，其实他只是想和他玩，并不是真的打他，我又找来张东，告诉他李同的真实想法，我说，“其实李同很想和你玩，他只是通过这种方式告诉你他愿意和你一起玩，他没有别的恶意，既然这样，你们就做好朋友吧！握握手，从此你们就是好朋友了，再也不要打架了！”张东听了也高兴地点了点头，他终于知道为什么李同总爱“打”他了，在那之后，我经常看到这两个孩子在一起玩，成了不打不成交的好朋友，再也没见到他们打得拉不开那种场面。

因为这件事，我经常在班上提醒孩子们，遇事先要冷静 3 分钟，千万不要冲动，冲动是魔鬼，宽容是美德，宽容是一种大度的表现，有句话叫做“大人不计小人过”，别人惹到你，你就做一回大人，还有孩子补充说，“退一步海阔天空”，是啊，作为人生的导师，孩子们在成长的道路上需要我们正确的引导，使他们逐渐走向成熟，幸福、快乐地度过一生。

（姚金芬）

13

我宽容、我快乐

“天空收容每一片云彩，不论其美丑，故天空广阔无比；高山收容每一块岩石，不论其大小，故高山雄伟壮观；大海收容每一朵浪花，不论其清浊，故大海浩翰无比。”这是一位哲人对宽容最生动直观的诠释。

可是，现在的孩子大都是独生子女，他们大多是在被父母及家人包围着、宽容着、甚至是溺爱着的环境下长大的，已经习惯了别人对自己的宽容，却不知道也要宽容地去对待别人。

我的班上有一个特别的小男孩，叫小亮。中等的个子，宽厚的肩膀，黝黑的皮肤，乌黑的“锅盖头”下，一双小眼睛滴溜溜地转来转去，平时和同学讲话的声音很洪亮，语速也很快，有一种霸气的感觉。

一到活动时间，小亮就会成为同学“投诉”的对象，总是有人来告状，不是小亮把他推倒了，就是小亮踢了谁一脚或给了谁一拳。的确，只要和小朋友发生冲突，他都大手一挥、小腿一蹬就把几个小朋友送进了学校的医务室，尽管我找他谈过很多次，可这种事还是一次又一次地不断发生。

每周的星期五，同学们都可以选择不穿校服，穿自己的服装。有个星期五，小亮穿了一身帅气的新衣服，洁白的 T 恤上，蜡笔小新做着鬼脸，“猫爪”牛仔裤也显得很合体。在同学们羡慕的目光里，小亮也觉得自己很神气。

然而，刚上一节课，令人意想不到的事就发生了，美术课上，同桌小丽不慎将颜料洒到了小亮的 T 恤上，这下不得了了，轩然大波骤起。经过半个小时的调节协商，小亮才平静下来，我也与小丽的家长电话沟通了，由小丽把衣服带回家，在家长帮助下负责洗干净。但白 T 恤还是留下了隐隐约约的痕迹。事情虽告一段落，但小亮一直耿耿于怀，总想找机会报复小丽。

我感觉到一段时间里，小亮这个孩子心里被消极的愤怒情绪所占据，宽容、快乐的积极情绪已经不占优势。小亮在处理小矛盾中，不能以宽容之心对待有错的一方，斤斤计较，得理不饶人。作为班主任，是时候对小亮进行心理辅导了，我决定运用恩格里斯(Engrith)建立的宽容干预模型对小亮进行系列辅导。

第一步：体验伤害

小亮对事件过度关注，认为自己是最不幸的，悲伤、生气、愤怒的消极情绪占据了他的心灵。为了让他认识到存在这些消极情绪对身心的伤害，我和小亮玩个游戏，这个游戏是把他讨厌的人写在土豆上，然后把这些土豆装在一个袋子里，无论到什么地方，都要带着土豆袋子。第二天我发现他带了三个土豆，就这样过了一周，我把小亮叫到办公室，询问他这周过的怎么样。

“书包太重了!”小亮不假思索的回答，“有个土豆坏掉了，有霉味，很难闻!”我赶紧说：“你看，心中带着恨，就像带着发霉的土豆一样，会影响自己的身心健康的。”小亮眨眨眼睛，好像是明白了。

我乘胜追击：“我们做人做事要学会宽容别人，也是善待自己。平时的生活中难免有些磕磕碰碰，一句善意的道歉，一个真诚的笑脸，就足以让矛盾烟消云散，让不快随风而去了。”小亮用力地点点头。我觉得他已经认识到消极情绪的副作用了。只有认知之后才有可能有改变，才有可能促使消极情绪宣泄出来。

第二步：决定宽容

这一步主要是使用故事法，来阐明宽容的含义。我让小亮读了几则有关宽容的小故事，其中有《六尺巷的故事》，这个故事是讲清朝宰相张英老家的邻居造房子，占张家三尺地基，张家人不服，写了一封信到京城，求张英主持公道，张英看完书信后，回信道：“一纸书来只为墙，让他三尺又何妨；万里长城今犹在，不见当年秦始皇。”家人收到信后，主动退让三尺宅基地，邻家人见张英家人如此胸怀，也退让三尺，所以有了六尺巷。这个故事让小亮知道就是因为宽容，两家人才能化干戈为玉帛。《普鲁特太太的小提琴》普鲁特太太宽容了偷自己小提琴的少年，几年后，这个少年成了一名优秀的小提琴手。《齐桓公和管仲的故事》齐桓公原谅管仲的“一箭之仇”，并信任、重用他，管仲尽全力辅佐齐桓公，几年后齐桓公成为春秋第一霸主……

这些有趣的小故事，引导小亮将宽容作为解决冲突的方法，并且留给他消化、思考问题的时间，让时间来冲淡矛盾，继而引导他作出宽容的承诺。

第三步：实施宽容

我利用班队会的机会，设计了一节“换了角度想一想”的主题班队会，其中有这样几个活动的片段：活动一：“假如我是他”，播放学生课间发生小摩擦的动漫，让学生想象成其中的一个角色，说一说自己的感受。这样他们初步明白，在生活中由于角度不同，想法不同，因此说法也就不同，让小亮知道应该体会他人的感受。活动二：“锦囊妙计”，视频中的小摩擦如果再遇到了，怎样做，大家才会高高兴兴的，而不是不欢而散，请同学们用表演的方式，把想的办法表演出来。我还特意嘱咐小亮组的组长，让小亮来演主角，演完后说一说是怎样解决视频的小矛盾的。小演员们的总结也特别好：如果能多换个角度想问题，站在别人的立场去理解别人，那一定会避免许多矛盾的产生。

小亮只习惯于从自己的角度思考问题，不习惯站在别人的角度思考问题。要消除这种现象的办法就是“心理换位”，让产生矛盾的双方，能够站在对方的角度思考问题，思考对方为什么会如此行事、如此说话。这样就会减少很多矛盾。

小亮对自己的行为进行了认知重建，站在小丽的角度考虑问题，理解问题，从内心深处认识到宽容的必要性，从而放弃报复计划。

第四步：深化宽容，收获成果

语文课上，我让小亮给同学们讲《太阳和风》的故事：太阳和风打赌，看谁能让穿棉衣的农夫脱下外套。风猛吹，农夫裹得更紧；太阳给他温暖，农夫脱掉了外套。通过故事的引导，小亮认识到对待自己同学、朋友，采取善良对待或是和蔼可亲的态度，比用暴躁的报复应该会有更好的效果。讲《塞翁失马》的故事，他认识到不幸的积极面，进而认识到“金无足赤，人无完人”，有时自己也需要他人宽容，宽容别人是一种美德，被别人宽容是幸福的。

经过一段时间，我发现，小亮有了很大的变化，课间活动时，和小丽在愉快地玩着游戏，和同学们的关系也变得融洽了，“投诉”现象越来越少了，还时不时的能听到小亮“哈哈哈”的笑声，阳光般的笑脸也时时闪现在课堂上……

安德鲁·马修斯在《宽容之心》中说：“一只脚踩扁了紫罗兰，紫罗兰却把香味留在脚跟上，这就是宽容。”宽容是人性中一种非常美好的品格。让孩子们从小拥有一颗宽容之心，是社会赋予我们每一个教育工作者的使命。教育学生学会宽容，学会和不同性格的人相处，才是一种更加丰满的教育，是人格教育的更高境界。

（于素丽）

14

温柔坚持，静待花开

案例背景

在我心中，每个孩子都是一朵会开的花，或迟或早，或长或短；或迎风招展，潇潇洒洒；或含苞欲放，羞羞答答……需要我们用爱去呵护。尤其是孩子犯错误时，更需要我们怀有一颗爱心，耐心地等待，送一缕阳光温暖他们，化一丝春风爱抚他们，就一定会听到世界上最美的声音——花开的声音！

案例描述

1. 跳绳风波

记得那是一个冬日的午后，我正坐在办公室里批改作业，门突然被推开了，只见刘琦琪已哭成了小泪人，“怎么啦？谁欺负你的，快告诉老师。”她伤心地哭着说：“我今天刚带来的跳绳不见了，这是我大姑新帮我买的……”我忙问：“是什么样儿的？什么时候不见的？”和她同来的同桌连声说：“她的跳绳可漂亮了，还是带计数器的，早上第四节体育课时，我和她还在一起比赛的。可中午到校后，就不见了。”“你把它放在什么地方啦，会不会带回家了啊？”“没有，我放学时就把它放在了抽屉里，我想下午来的时候再跳。”

那我们快去班里找找，说不定放在角落里没发现呢？于是，我来到教室发动全班孩子，对大家说：“你们见过刘琦琪那根漂亮的跳绳吗？”同学们都叽叽喳喳地说见过。“刘琦琪想把跳绳借给大家玩，可是忘了把跳绳放在哪儿了，你们能帮忙找找吗？”全班孩子一起找遍了教室的每个角落——但令人失望的是……没找到。看来不得不承认：是有人喜欢上了这根跳绳，把它悄悄“借”走了。

2. 出谋划策

怎么办？望着一张张天真可爱的小脸蛋，我实在找不出怀疑的对象。还是等等吧！兴许跳绳能自己出现呢！回到办公室，其他老师帮忙出谋划策：“你一个一个地仔细观察，也可让孩子互相观察，发现异常情况向你报告。”“找一面他们未见过的镜子，可以美其名曰‘魔镜’，让全班孩子都来照一照，不敢照的那肯定与这根跳绳有关系。”“你干脆告诉孩子们教室里有监控……”看着好心的同事，我不免有些担忧：这些主意也许会有效，可也会给孩子心理造成一定的压力：互相揭发会使孩子互相不信任，照“魔镜”，利用监控会让“借跳绳”的孩子心怀恐惧而不愿上学。

3. 灵犀一闪

思考再三，这些办法都不太理想。怎么办？总不能让这事不了了之吧。事发第二天，我在著名特级教师李镇西的班主任日记《心灵写诗》中找到了答案：班主任最重要不是管理，而是走进心灵，用“悄悄话”的方式可以解决很多问题。我想要是老师和孩子之间说悄悄话，是不是可以拉近我和孩子的距离？如果孩子都把我当朋友，跟我说实话，那么，“借跳绳事件”也就迎刃而解了。

虽然这么想，可心里还是没底：先试试这种方法，看看能否奏效。于是，我立即在班里举行了一个“朋友，我想告诉你一个秘密”的讲悄悄话活动。我对大家说：“小朋友，老师就是你们的大朋友，今天我这位大朋友想和你们做一个讲悄悄话的游戏，愿意吗？”教室里一下炸开了锅，“太好了，我想和老师交朋友……”这群顽皮的孩子忍不住欢呼起来。我借机鼓励道：“我们每个人都会犯错误，老师也会，如果大朋友做错了事，现在知道错了，很想改正错误，你们会原谅我吗？”“会！”“我也会”……孩子们回答得很真诚。眼看时机成熟，我赶紧揭示游戏主题——“知错就改”，并宣布游戏要求：“下面我们就找自己要好的朋友，向他诉说压在你心里的秘密。倾听秘密的朋友要做到：帮助他保守秘密，提醒他改正错误！悄悄话游戏开始！”

三年级的孩子，心灵是那么天真、纯洁。话音刚落，一些活泼可爱的孩子就离开了自己的座位，走向好朋友，开始轻声细语起来。看着小朋友一个一个从自己的身边走过，感觉有点失落：孩子能把他们的秘密告诉我吗？毕竟我是他们的老师！

万一没有孩子来找我，丢失的跳绳怎么办？还能找得回来吗？我的心中充满忧虑。这时，性格活泼开朗的贾俊凯蹦蹦跳跳地来到我的身边，“贾俊凯，你想和我交朋友，对吗?”他咧着嘴呵呵地笑着说：“大朋友，我告诉你一个秘密：有一次，我的同桌李皓然把我的文具盒碰翻了，我就悄悄把他的橡皮藏了起来!”我趁势引导：“朋友，你一定知道该怎么做吧!”他马上就把橡皮还给同桌，还对李皓然深深鞠了一个躬，说：“对不起!”我本以为他会让我为他保守秘密，没想到孩子能当场认错，我情不自禁地为他竖起大拇指。不一会儿，又有许多孩子来承认自己犯过的一些小错误，他们都得到了我的表扬。“真是勇敢的孩子，记住，这只是我们俩的秘密!”

4. 等待花开

“叮零零”下课了，可还是没有任何有关跳绳的消息，可我想，只要我把这个游戏坚持下去，相信会有更多的惊喜在等着我。第二天放学，我正在教室关门窗，一个平日里性格内向的孩子刘可欣在慢吞吞地整理书包。“要不要老师帮忙?”她低着头，不说话，我走到她身边，她红着脸低声说：“张老师，我也要告诉你一个秘密，刘琦琪的跳绳是我拿的，你不要告诉别人，行吗?”我心里长长地吁了一口气，经过漫长而又短暂的三天等待，“借跳绳事件”终于可以结案了。“知错敢于承认，你真是个了不起的孩子！那你准备怎么办呢?”“我不敢自己还给她。”“明天你悄悄把跳绳放在老师讲台的抽屉里，我帮你还。不过，以后借东西时，一定要先征得别人的同意，好吗?”她使劲地点点头，我笑了，她也笑了……

案例反思

每个孩子都是一朵花，每朵花的成长都有一个过程。我们之所以会犯错，就是因为过重的功利心让我们等不到花儿开放的那一刻，等不及孩子经历完成长的过程；就是因为浮躁的态度让我们少了一种宽容的胸怀，少了一双智慧的眼睛。而今，我回过头以一个旁观者的身份去回味这一切的时候，却发现那微笑的瞬间，让我品尝到了教育的喜悦。这一次成功的教育案例给了我很多思考。

我明白教育的等待并非守株待兔，它是一种积极主动的无声呼唤，是一种智慧的等待。“孩子犯错，就是上帝也会原谅”，更何况是孩子眼中神圣的教师？我们怎么有理由不去耐心等待呢？等待是一种爱——一种需要爱心与信心的爱。很多时候，孩子的豁然开朗、顿悟清醒，也许就在我们耐心等待的一刹那之后。对于刘可欣的这份等待，是我对她犯错的宽容，更是对她自尊的呵护。正是这份等待让她在愧疚之后能够平静而从容地抬起头……也正是在等待中，我享受到了别样的幸福。

其实，一个孩子从幼稚走向成熟是一个过程，我们不能用成人的眼光来看待孩子，不能用同一个标准要求所有的孩子。对于有些孩子来说，成长的过程可能需要更多的时间。这就需要我们教师，放慢爱的脚步，用我们的真诚、宽容、耐心、期待、信任、尊重……学会等待，在等待中守候花开。

掩卷反思，教育是一个等待的过程，而等待也是一个教育的过程，在等待中付出必然能在等待中收获。种子会慢慢地发芽，花儿会悄悄地开放，我会静静地等待。我要用汗水浇灌校园沃土中的每一种植物，耐心等待每一株鲜花争奇斗艳、每一棵小草勃发生机。我将用我的等待引领每一个孩子都揣着自信，走向成功！让我们一起耐心等待，倾听花开的声音，守候花开的幸福……

（张敏）

15

—

宋童的“阿尼玛斯情结”

爱如空气，人人需要；爱如阳光，温暖人心。对于教育工作者来说，热爱一个学生就等于塑造一个学生，而厌弃一个学生，无异于毁坏一个学生。

2009 年 9 月，我班转入一名叫宋童的女生，全身上下飞扬着男孩子的气息，本以为她是一个很阳光的女孩。然而，令我意想不到的是，她经常四处惹事、打架，不和任何女生交往。我的班集体受到这个孩子的巨大冲击。正当我想找她谈话的时候，还发现了更出乎意料的事——

那是一个星期三下午的第一节课，大家都准备投入课堂时，我不经意一个瞥眼，看到了惊人的一幕：宋童正不知拿什么东西放在裤裆上玩弄，裤裆被支撑起来鼓鼓的，我从来没有见过这样的情景！

于是，我悄然走到她身边，暗示她我在注意她，她竟无所谓地回我一笑，接着把支撑裤裆的物体拿出来，竟是一大块橡皮。

下课后，我与她来到一个安静的角落，她满不在乎地站在我面前，身体不停地晃动着，一副痞子样。第一次谈话她竟公然向我叫板：“我就喜欢做男孩子，全世界的人都喜欢男孩子！”

……

谈话结束后，我陷入沉思：宋童的这种情况会不会是心理学上说的“阿尼玛斯情结”呢？如果是的话，若不及时正确引导，那么很有可能在十几年后发生“性别异化”。

随后我认真查阅了“阿尼玛斯情结”的相关资料，并马上进行了第一次家访。原来，她父母有 5 个孩子，最小的是男孩，她从小在重男轻女的家庭环境中长大。父母只疼爱弟弟，她渴望得到父母的爱！因此，她错误地认为扮演男生可以引起父母的关注。根据人本主义心理学家马斯洛的需要层次理论，必须马上用关爱滋养宋童的心。

当我把宋童的情况及有可能出现的危害告诉宋童的父母时，他们震惊了，表示全力支持、配合老师的工作，正确引导宋童。

于是，我立即行动，不敢耽误一丁点时间。我常安排她和女生们做些女孩子做的事，常邀请美丽的音乐老师一起参加班级活动，而我自己每天都选择穿最能展示女性优雅之美的衣服出现在孩子们面前。

没错，我就是想创设环境影响宋童自觉改变自己。

宋童第一次让我惊喜，是她生日那天。当我把一只蝴蝶发卡送给她的时候，她一脸惊讶，我清楚地看见这个平时狂傲的“野小子”脸唰地红了！三个月后，她把那只振翅欲飞的小蝴蝶别在了头上，是的，她留起了头发，明白了我的用心。从那天起，她开始和女生交往了。

要说宋童有脱胎换骨的转变，还得从一条裙子说起。

那年“六一”前夕，我买回了一条白色、淡雅、清新的裙子作为神秘礼物送给宋童。当她穿着裙子出现在办公室时，我和在座的老师都惊呆了，不禁喃喃自语：真美啊……宋童的脸颊发红，那一刻，她懂得了羞涩。此后，我常找她谈心，不断强化“男孩女孩都是宝”的观念，努力帮她在班集体面前树立良好的形象。如今的宋童变了，变成一个活泼可爱的女孩。看着宋童的变化，我很欣慰，深深地感受到心理健康教育的魅力和爱的力量！

我真心地希望我们为人父母、为人师长者，对孩子多一份理解，多一份关爱、多一份尊重，用心做好孩子们的知心朋友和“心理护士”！因为宋童，后来，我迷上了心理学，考取了心理咨询师。现在面对班级的所有棘手问题，我都变得越来越坦然。感谢我的学生，感谢一个个各自独特的孩子伴我成长！

（张秀能）

16

高高举起的手

这是我新接的班级。这是一个异常忙碌的周五。上了3节课，接待了两位来访的家长，处理了一些琐碎的班级事务。下午上课的时候，我布置了今天的语文家庭作业，让孩子们写一篇小练笔《我最喜爱的一本书》。

“同学们，还有什么问题吗？”布置完作业后，我习惯性地问了一句。一只手高高地举了起来。

“请说。”

“老师，语文作业布置得太多了，完不成。”伴随着的是高高噘起的嘴唇。我一看，是我们班最爱提问的陈晓丹。浓眉大眼，个性很孤独，也很要强。

“作业多吗？同学们，今天是周末，同学们有两天的假期。完成这么一篇小作文，有什么难度吗？”其他同学都说不多，没有难度。可是陈晓丹的手仍然高高地举着，不肯放下来。“陈晓丹，你还有什么事吗？”“老师，我不知道怎么写。”“你从小到大看过那么多的书，选择一本你最喜爱的书。首先，把你喜欢的这本书的名字告诉大家，然后，把故事内容说一说，再讲一讲你喜欢它的理由，最后，结尾就行了。如果你爱写，就写得长一点，不爱写就写得短一点。好，现在把手放下来。”

可是这只手仍然不依不饶地举着。“你还有什么事吗？”我不禁有点恼火了。“老师，我还是觉得语文作业有点多。”我忍不住有点生气了：“陈晓丹，把手放下来。不要耽误大家的时间。有什么意见的话，等一下到我办公室说。”陈晓丹的手放下来了，可却是一脸的不情愿。在接下来上课的时间里，当其他同学认真听课学习的时候，她拿出了数学本子，开始做数学作业。“陈晓丹，你在干什么？现在是上什么课？把你的书拿出来，把你的数学作业收起来。”我更加严厉地命令道。她极不情愿地拿出了书，看得出一脸的不服，一脸的桀骜不训，一肚子的反感，在接下来的课堂里，她采取的就是不合作态度。

我心里“咯噔”一下。我知道她心里已经打下了一个结。如果我坐视不理，她会认为我软弱无能，以后我再也别想得到她的尊重；如果我采取高压政策，那么我等于是给自己培养了一个对头。师生反复对抗升级，一个差生也许就这么炼成了，我也再别想安生地上课了。

我冷静下来，告诉自己：“她只不过是一个小孩子，难道你要和她一般见识吗？我一定要冷静地处理好这件事，打开她心里的那个结。”我想起在她的自我介绍里，她是这么介绍自己的：“哈喽，大家好！鄙人名叫陈晓丹，芳龄12岁，是沙河小学五(4)班的一朵霸王花，有人叫我是班上的男人婆……”她的语文成绩不是很突出，平时尤其害怕写作文。

我又反思了一下我这段时间以来布置的作业。为了提高同学们的写作水平，我开始有意识地给孩子们每天留小练笔的作业。开学一段时间以来，我的作业确实不多，除了正常的课前预习，阅读摘抄，小练笔，基本没有其他任何作业。到底问题在哪里呢？我一定要好好地处理好这个问题。

下课后，我装作毫不在意的样子找到陈晓丹。说：“陈晓丹，我想和你聊聊，你到老师办公室来，好吗？”我扳过陈晓丹的肩头，一边走一边说：“你是个很有个性的孩子，也很热爱班级。老师很喜欢你。你很委屈，是吗？现在和老师说说你心里的想法好吗？”这几句温柔的话一出口，陈晓丹的眼圈慢慢地红了。

“你为什么哭呢？”她不说话，也不抬头。

“哦，我知道了，你是为了不会写作文哭，是吗？”还是没有回音。

“哎哟，这么个漂亮的小姑娘，因为不会写作文哭鼻子，有点羞羞脸哦！”我跟她开起了玩笑。

“从老师接这个班的第一天，老师就注意到你了。钟老师也说你是个好孩子。”陈晓丹的眼泪哗一下就出来了。抽抽噎噎地哭得很厉害。眼泪就像放坝水一样，哗哗哗哗止不住了，只是不管你说多少话，她就是不开口，我不停地递纸巾给她。

“哦，我知道了。办公室里人太多，你不想让别人听到，不好意思说。那老师跟你去教室谈。”我们又把阵地换到了教室里。

“你为什么说老师的作业多呢?”我继续挖根究底。“你每天都让我们写作文。以前钟老师一个星期才让我们写一篇的。”我想了一下。开学一周了，我的小练笔确实不少。《我的自画像》《夸夸我的好同桌》《新学期新打算》《我最喜爱的一本书》，基本上每天都有一个小练笔。作文是一个弹性的需要动脑筋的作业。她作文不好，喜欢做抄写的作业，害怕写作文，所以矛盾就产生了。可我的用意是想让孩子们通过写自己身边最熟悉的东西。通过加大训练量逐渐加以写法指点，写后同桌互批互评，优秀作文展示的方法来达到提高整个班级作文水平的效果。好的孩子可以写得很长，差的孩子只要能写一句两句话都可以，只要慢慢地有进步就行。于是，我把自己这些想法都跟她说了。她开始平和起来了。

“你知道老师为什么要布置这样的作业吗?”

“不会写，可以问问老师啊，可以请教班上作文写得好的同学啊。这么大个孩子了，因为怕写作文哭鼻子。说出去多不好意思啊。”

“你理解老师的心吗?我们低年级学习的要求和高年级学习的要求是不一样的，你知道吗?”

“你觉得你今天的做法对吗?你是个好孩子，可是如果连你都说作业多，不肯做作业，班上程度差的孩子就可以明目张胆地不用做作业了。那你想想，以后，朱老师的课还怎么上呢?同学们还能有进步吗?”

“我们已经长大了，我们生活在这个社会里，要学会去适应社会，包括适应不同的老师，去适应我们的班集体……”

……

不知不觉，整整一节课过去了。看到笑容又回到她的脸上，看到她驯服的眼神，我总算一块石头落地了。

“以后，你如果有想法的话，可以跟朱老师说悄悄话呀，可以悄悄地把你的想法告诉老师，不能再采用这种方式了，好吗?”

“我知道你是个很有班级荣誉感，很爱班级的孩子。你觉得你可以为班级做些什么呢?或者说你愿意为班集级做些什么事呢?”

“我可以出板报。”

“好的。朱老师正想出一期板报呢。你看，教师节马上就快到了，朱老师正想把我们教室后面的板报给换成庆祝教师节的呢！那你来负责，老师再给你找几个帮手。明天就布置同学们做手抄报。然后，你们一起负责办好这一期的板报，好吗？”

“好的。”这时候，她已经有点掩饰不住心中的喜悦了。

在第二天交上来的练笔本上，我看到了她写得很工整的作业和一段短短的文字：“朱老师，我想对您说：对不起，请原谅我那天的鲁莽……”。于是，我又及时表扬她的进步，指定她做班级的文明监督员。后来，她的作文越写越好，有很多次她的作文成了班上的范文。她也变成了一个乖孩子，越变越好。现在，她成了我们班的班长。这个孩子的进步越来越令人欣喜。

【反思】

一、我们要教育孩子，一定要先了解孩子。做班主任的首要工作就是了解孩子，了解每个孩子的性格特点和各方面的情况，这样，教育起来才有针对性和说服力。当孩子犯错误的时候，我们才能有的放矢地进行教育，做到因材施教，没有了解，谈不了教育。

二、教孩子最重要的是得到孩子的心。古人说得好：亲其师，则信其道。只有得到了孩子的心，老师才有威信，老师的教育才会有效果。教育工作与产品制造截然不同，产品坏了可以报废，而对人的教育和培养，假如失败了，损失的将是一个人的一生。所以，教育无小事。任何一名有责任感的教育工作者，都应该做到“勿以恶小而为之，勿以善小而不为”，把“教书”和“育人”工作的每一个细节做精做细，落到实处。

三、师生之间要平等沟通、交流。当师生之间有矛盾冲突的时候，教师一定要放下架子，跟孩子耐心、细致的沟通，找到问题的症结所在，讲清道理，让孩子心服口服。这样，才能打开孩子的心扉，使孩子受到教育。如果光凭教师的身份、地位去压服孩子，这样做是不可取的，也是没有效果的。学生的一言一行，一个看似不起眼的动作和眼神，都是复杂内心活动的外在反映。教师假如能因势利导，善于把握时机进行最佳教育，这样可能及时制止一场纠纷，会避免一次可能的心灵伤害事件，会阻止一次因年幼无知而误入歧途的人生悲剧。

（朱君）

17

用爱融化孤独的坚冰，让阳光照亮幽暗的心灵

2015 年 7 月，结束了为期三年的研究生阶段的学习与生活，我怀着对未来美好的期许踏上了三尺讲台，成为一名人民教师。印象中孩子们那一张张天使般明净纯真的笑脸，令人温暖、感动。和孩子们一起，谈谈文学，聊聊人生，这就是我对这个教师职业最初的畅想。然而，骨干的现实总是能轻而易举的击败丰满的理想。想象中的小天使并非安静的"美男子"和恬静的"小公举"，而是一群上蹿下跳的"猴孩儿"。现在的孩子不好教，作为班主任必经九九八十一难，方能百炼成钢，泰山崩于前，我自岿然不动。他们聪明活泼又调皮捣蛋，同时继承了天使和"魔鬼"的双重基因，分分钟让你"雷雨伴有短时大风"并瞬间"转晴"，动辄令你苦笑不得、"爱恨交加"又欲罢不能。正所谓"学生虐我千百遍，我待学生如初恋。"这才是新生代人民教师的必备技能。

初出茅庐，做为一枚职场菜鸟，新工作和陌生的环境注定会带来不小的压力。然而，与陌生结伴而行的是新鲜感。所以，我决定带着忐忑与激动的心情在和猴孩儿们斗智斗勇的道路上高歌猛进、乐此不疲。

然而，在身心疲惫又乐趣丛生的教师生涯伊始，我就遇到了一个新的大挑战。一年级开学一段时间后，班上转来一位名叫黄广宁的新同学。他明亮的大眼睛里呆滞的神情令我心生疑惑。无论我怎么微笑，逗他，孩子都不敢注视我的眼睛，也不跟我交流。广宁妈妈在谈到孩子的瞬间欲言又止，热泪盈眶的情形又让我恍然大悟。我秒懂了这孩子必定"非同寻常"。后来我得知，原来孩子不幸得了自闭症。通过多方学习，我了解到，儿童自闭症又被称为"孤独症"，是一种较为严重的发育障碍性疾病。目前，我国儿童自闭症的发病率呈上升趋势。正有着越来越多的儿童深受自闭症的困扰，原本快乐多彩的童年因此而黯然失色。而每一个自闭症儿童的背

后，都有一个肝肠寸断的母亲和举步维艰的家庭。目前，医学界对自闭症的形成原因并无一个清晰的界定。有研究证明，该疾病的形成和一系列先天、后天的生物、精神、心理等因素有着千丝万缕的联系。

虽然有了心理准备，但是渐渐的我发现，这名特殊的学生还是给我们班带来了很多问题。例如，在上课的时候他完全不能集中精神，总是沉浸在自己的世界里自娱自乐。有的时候还会突然间从座位上站起来大声喊叫、猛烈拍手或念念有词。瞬间，所有的人的目光全部聚集在他的身上，其他的小朋友全都哄堂大笑，教室里瞬间炸开了锅。令我担心的是，这样下去不仅正常的教学秩序会受到影响，时间一长，还会对广宁的心理产生巨大的压力，一年级(2)班也会因此缺乏凝聚力而变成一盘散沙。

所以当时我对广宁选择就读普通全日制小学表示过怀疑。这样做对孩子的病情真的有所帮助吗？后来，广宁妈妈向我推荐了由甄岳来、李忠忱夫妇合著的《自闭症儿童社会融合教育》一书。以上两位学者的女儿1985年出生，患有孤独症。他们运用社会融合教育的方法，对女儿进行了长达20年的家庭教育训练，使女儿获得了成功的康复，女儿2008年从大学毕业后就业，基本实现了社会生活的自立。这样一个成功的案例，成为鼓舞孤独症儿童家长的巨大力量和学习榜样。通过认真学习，我进一步认识到广宁同学进入沙河小学随班学习、生活对于孩子病情康复和成长的重要意义，同时也意识到自己肩头沉重的责任。

为此，我要求自己用更多的爱心和爱来对待广宁同学。当他上课大喊大叫的时候我迅速走到他的身旁，并没有大声的训斥，而是握着他的小手慢慢安抚他冷静下来。同时，我也会利用这个契机教育班上其他的小朋友，遇到这种情况要迅速安静下来，要用一颗宽容的心去包容同学，一颗善良友爱的心去帮助的广宁同学，而不是嘲笑和排斥他。始终铭记，广宁同学是我们一年级(2)班的一分子，老师和同学们都要尽力让他感受到集体的温暖和爱护。

而且，我渐渐发现广宁身上有很多闪光点。自闭症儿童不见得都伴随着智力低下。他们大多应有正常的智力水平，还有大约10%的自闭症儿童智力超常。在我看来，广宁同学有一手漂亮的字，不仅如此，他的学习成绩也非常棒。因此，我经常利用班上的投影仪向同学们展示广宁的干净整洁的字迹。上课组织同学们做“开火车”游戏时，我都会提醒广宁加入我们；每当我在全班宣布广宁在考试中取得的优异成绩，同学们都会报以热烈的掌声和欢呼。每当我看到广宁脸上洋溢着自信和幸福的表情，都会有一种难言的温暖和感动在心中蔓延。除此之外，我还在班里设置了“爱心使者”，轮流陪伴和帮助广宁同学。孩子们积极性高涨，爱心爆棚，一年级(2)班比以前更加团结了，孩子们善良、宽容的品质被激发出来，集体意识也在萌芽之中。

其实，每一个孩子都是那么唯一的存在。每一个孩子从幼稚走向成熟是一个过程。我们不能用成人的眼光去看待孩子。不能用同一个标准去要求所有的孩子。对于有些孩子来说，成长的过程可能需要更长时间，这就需要我们教师用十倍的爱心与真诚、百倍的耐心与信任融化坚冰、温暖心灵、静待清风徐来、花蕾绽放。

（宗璐）

18

小 D 的寻“爱”之旅

小 D 是一个三年级小男生，在 2017 年 3 月由他们的班主任带来心理辅导室的，所以是他的一些行为困扰到了班主任老师的教学管理，他自己倒没有意识到自己的问题。通过与班主任的沟通，得知小 D 最近的主要问题表现是在上科学等副科时会在同学的唆使下往老师身上吐水，上课的时候躲在桌子下面，在升旗仪式的时候会在大庭广众之下大声的尖叫等。

第一次见到小 D，还是比较羞涩的小男孩。我们见面后，我说你可以叫我王老师，他也点头了。之后的几次心理辅导我们就开展了沙盘游戏和谈话的方式进行深入交流。

当我谈到为什么上课的时候会和老师做这些“互动”呢？他笑着对我说，因为好玩啊！还跟我描述了一些好玩的等等细节，同时也感觉学校是地狱。开始我是觉得这大概是这个年龄阶段该有的顽皮吧！

但是在后来的沙盘游戏和谈话的过程中，了解到他家刚刚迎接了一位新成员，妈妈生了一个小妹妹，家里人都很高兴，他也表示很开心。妈妈和外婆忙着照顾小妹妹，可能无暇关注这个内心也需要关注但实际上却被忽视的三年级小朋友。在有一次与班主任老师的谈话中更加证实了这点，她说，有一次夜晚(小 D 被留下来写作业)送小 D 回家，在路口打电话让家人出来接，但是没有一个人出来。

了解到这些后，我通过他的班主任老师约见了小 D 的妈妈。妈妈差不多准时来到指定地方的，说明她对小 D 还有一点重视。不过，她走进来，怀里是抱着新生的小妹妹的。通过与妈妈的沟通，询问在家里各成员间的相处，在这个过程中，妈妈还是会和妹妹有较多的互动。等我把这些观察到的告诉妈妈后，她自己也确定在妹妹的到来后，全家对小 D 的关注不够，对于新到的妹妹是全情灌注。而家里人没有意识到，小 D 也没有意识到。这中缺乏关爱的环境也许就是小 D 一系列违规行为背后的原因之一吧。

我在发现问题后，以通俗的话语跟妈妈描述了问题所在。给予的建议也很简单，就是在照顾好妹妹的同时，也要给予小 D 一定的爱。比如在抱妹妹的时候也可以多看一眼小 D；回家时候可以问候一下学校发生什么有趣的事；跟妹妹互动好，要让小 D 感到妹妹的到来是多一个人爱他，而不是抢走他的爱等从各个方面来引导。

通过这样的谈话后，小 D 再一次来到心理辅导室，这一次是带着笑容进来的。我说：“今天的心情貌似不错，跟老师分享一下吧！”，接着他就开始说了：“妈妈最近对我超好哦，表扬我，给我买东西吃……”。“那学校还是地狱吗？”，“哪有，每天好开心！”。边说还边捂住嘴巴，掩饰不住内心的愉悦啊。后来跟小 D 的班主任老师沟通，问他最近在课堂上的表现。班主任老师也很高兴的跟我反馈，之前课堂上的行为确实有所改善，对同学也比较友善，在手工课上也能在老师的指导下创造自己的作品。

很高兴小 D 的转变，但是还要继续跟进。其实像小 D 这样的孩子有很多，由于父母工作、二胎、重男轻女等原因，导致孩子在家庭中缺乏关注，缺乏来自家庭的爱，这样就会引发孩子一系列的问题，这需要我们家长、老师一起合作，为孩子的健康成长做到引导。

（王丽霞）

参考文献 | REFERENCES

[1]Seligman, M. E. P., Steen, T. A., Park, N., Peterson, C. (2005). Positive psychology progress: Empirical validation of interventions. American Psychologist, 60(5), 410-421.

[2]崔学鸿．赏识教育初论[M]．合肥：安徽大学出版社，2003.

[3]张高产．积极心理品质培养：心理教育的重要价值取向[J]．江苏教育学院学报(社会科学版)，2006，3(2)：36-38.

[4]单志艳．小学低年级学生积极心理品质培养研究[J]．中国特殊教育，2010(11)：20-23.

[5]马艳云．小学高年级学生积极心理品质培养研究[J]．中国特殊教育，2010(11)：24-27.

[6]官群，孟万金，Keller J. 中国中小学生积极心理品质量表编制报告[J]．中国特殊教育，2009，1(4)：67-74.

[7]教育部关于印发《中小学心理健康教育指导纲要(2012 年修订)》的通知，http：//www. moe. gov. cn/publicfiles/business/htmlfiles/moe/moe_ 307/201212/xxgk_ 145679. html(2012-12-11).

[8]庞红卫．浙江省中小学生积极心理品质调研报告[J]．调查与分析．11-14.

[9]余晓灵，孙燕，王新波．中学生积极心理品质培养内容的序列化研究[J]．中国特殊教育，2009(12)：71-77.

[10]孟万金．论积极心理健康教育[J]．教育研究，2008(5)：41-45.

[11]程婷．近几年来关于赏识教育的研究综述[J]．辽宁教育行政学院学报．2009

(7)：127-128.

[12]马晓亮．小学生积极心理品质培养的内涵与途径[J]．南京晓庄学院学报.2014(2)：28-32.

[13]张柳．中小学生积极心理品质培养内容序列化研究[J]．中小学心理健康教育．2018(32)：9-16.

[14]马甜语．积极心理学及其应用的理论研究[D]．长春：吉林大学．2009.

后 记 | POSTSCRIPT

选择心理学，是因为我在大学刚毕业，被安排做班主任老师，面对青春懵懂的一群孩子，有点束手无策，开始寻思一些解决对策，后来有机会去北京参加了中国科学院心理所举办的一个培训班，对心理学产生了浓厚的兴趣。于是下决心“转行”，购买了大量的心理学书籍，并且承担了当时所在学校的心理中心的筹备工作，在当时的西北内陆地区，这样的工作经历也算是比较超前的了。

2001年的时候，在几番努力下，终于如愿以偿地考进了北京师范大学发展心理研究所(后来与心理系合并为国内第一个心理学院)，攻读发展与教育心理学硕士研究生。这是我人生转折的开始。有幸在国内心理学最权威的大学读研，有幸聆听林崇德、董奇、申继亮、沃建中、方晓义、邹泓、陈英和等著名心理学家的教诲，让我终生受益。

感恩我的导师沃建中教授，读研的三年时间里，除了在学术上给予我们理论和方法的指导，他还给我们创造了许多其他同学都很羡慕的实践锻炼的机会。研究生期间，我发表了几篇核心期刊文章，还参与主编了《心理健康教育指导：父母篇》。我始终认为，知行合一才是最好的境界。

2004年的时候，我选择南下来到深圳，开始了我的第二段职业生涯。虽然我后来从事更多的是科研管理方面的工作，但对于心理学专业一直没有放弃。我负责组织策划了深圳市蛇口育才集团的校园心理主题教育活动，并且参与主编一本心理健康操作技能的书《小学生社会技能训练》，该书由人民教育出版社出版。我一直坚持参加广东省心理健康教育C证的培训工作，致力于教师心理健康、家庭教育、学习策略等方面的研究。

2014年，我到深圳市南山区一所小学任副校长，开始有机会实践自己的一些教育理念。从2015年开始，我承担了深圳市教育科学“十三五”规划的一项重点课题《基于赏识教育的小学生积极心理品质的培养研究》(课题编号：zdfz15032)，开始在学校实践积极心理品质。这个项目持续了两年多，于2017年8月底结题。后来，随着我的工作调动，我把课题又带到了现在工作的深圳市盐田区，并且在盐田区的几个学校继续进行实践。

本书的研究成果，一部分是我对课题理论和实证研究的总结，另一部分是许多一线老师实践经验的结晶。我要感谢盐田区心育团队的帮助，在林映老师带领下，这个团队始终以微笑面对困难，做出了许多令同行刮目的心育业绩。我要感谢曾经工作过的南山区沙河小学，这是我第一次全方位近距离接触小学老师，他们的耐心、爱心和责任心深深感染了我，让我对“童年导师”有了崇高的敬意。我还要感谢盐田区参与课题实验的外国语小学东和分校、盐港小学的老师们，你们提供的丰富实践案例，给我的研究锦上添彩。

感谢我的家人，太太一直默默支持我的工作，当年是她坚定的支持我出去读研，可以说，没有她的支持，就没有我今天的成就！儿子很优秀，今年考进了理想的大学，他的坚毅、善良和勤奋一直让我们备感自豪。

感谢心理学，让我重新思考人生，看待人生，并且一直用积极心态感悟和践行幸福人生！

陈尚宝

2019年11月于梧桐山麓